당신 자신의 삶입니다.
과감하게 원하십시오!

마음속 상상력을 사로잡는 강한 목표의 힘
드림리스트

7 STRATEGIES FOR WEALTH AND HAPPINESS
copyright ⓒ 1985,1996 by JIM ROHN
All rights reserved
Korean translation copyright ⓒ 2012 by From Books
This translation published by arrangement with Three Rivers Press, an imprint of
the Crown Publishing Group, a division of Random House, Inc. through EYA(Eric Yang Agency).

이 책의 한국어판 저작권은 EYA(Eric Yang Agency)를 통해
The Crown Publishing Group과 독점계약한 프롬북스에 있습니다.
저작권법에 의하여 한국 내에서 보호를 받는 저작물이므로
무단전재와 복제를 금합니다.

마음속 상상력을 사로잡는 강한 목표의 힘

드림 리스트

짐 론 지음 | 박 옥 옮김

"우리 회사 직원들을 대상으로 한 짐 론의 강연은 정말 뛰어났다. 강력한 동기를 부여받은 참석자들은 모두 행동으로 옮기겠다는 결의를 다졌다."

— 호주의 스탠더드 오일 유한회사(Standard Oil Ltd.)

"나는 짐 론이 모든 사람의 삶의 질을 향상시킬 수 있는 철학을 구축한 비범한 인물이라고 믿는다."

— 앤소니 로빈스(Anthony Robbins)

"짐 론은 내가 만난 사람들 중 가장 심오한 사상가다."

— 레스 브라운(Les Brown)

"짐 론은 최고의 동기부여가이다. 그에게는 그만의 스타일과 소재, 카리스마, 창의성 그리고 매력이 있으며 그의 말은 삶을 변화시킨다. (……) 모든 사람이 내 친구 짐 론의 말을 듣는다면 세상은 훨씬 더 좋아질 것이다."

― 마크 빅터 한센(Mark Victor Hansen)

"짐 론처럼 다른 사람의 변화를 위해 동기를 부여하고 영향력을 발휘하는 사람은 거의 없다."

― 톰 홉킨스(Tom Hopkins)

프롤로그

내 삶이 뒤바뀐 날

스물다섯 살 생일이 지난 지 얼마 되지 않은 어느 날, 나는 얼 쇼어프(Earl Shoaff)라는 사람을 만나게 되었다. 그때만 해도 나는 그 만남이 내 삶을 어떻게 바꿔놓을지 전혀 알지 못했다. 당시 나는 부끄럽게도 성취는 거의 없고 행복은 더욱더 없는 밋밋한 삶을 살고 있었다.

그렇다고 내 삶이 시작부터 그랬던 것은 아니다. 나는 아이다 호 남서부에 있는 스네이크 강 근처의 작은 농장에서 자랐다. 화목하고 안락했던 그 집을 떠날 무렵, 나는 나만의 멋진 아메리칸 드림을 이루겠다는 부푼 꿈을 안고 있었다.

하지만 삶은 결코 호락호락하지 않았다. 고등학교를 졸업한 뒤, 나는 곧바로 대학에 들어갔지만 1년 만에 내가 더 이상 대학에서 배울 것은 없다는 결론을 내리고 학교를 그만두었다. 나중에 이 결정은 최대의 실수로 드러났다. 그것은 내가 젊은 시절에 저지른 수많은 실수 중 하나였다.

어쨌든 당시에는 학교 교육에 매달리기보다 일을 해서 돈을 벌고 싶은 마음이 간절했다. 다른 한편으로 나는 굳이 대학을 나오지 않아도 직장을 다니는 데는 아무런 문제가 없을 거라고 판단했다.

이것은 완전히 틀린 생각은 아니었다. 직장에 들어가는 것 자체는 그리 어렵지 않았기 때문이다. 문제는 내가 단순히 '생계를 유지하는 것'과 '삶을 제대로 사는 것'의 차이를 이해하지 못했다는 데 있었다.

얼마 지나지 않아 나는 결혼을 했다. 그리고 보통의 남편들이 흔히 그렇듯 아내에게 곧 이룰 수 있으리라고 '믿었던' 여러 가지 환상적인 미래를 약속했다. 나에게는 야망이 있었고 진심으로 성공을 꿈꿨으며 정말로 열심히 일했다. 그 의욕대로라면 성공은 이미 내 손 안에 들어온 것이나 마찬가지였다!

적어도 나는 그렇게 생각했다.

스물다섯 살이 되었을 때, 나는 열심히 일해 온 지난 6년간의 삶을 곰곰이 생각해보았다. 아무리 열심히 일해도 상황이 나아지기는커녕 오히려 힘들어졌기 때문이다. 당시 내 주급은 57달러였고, 그것은 아내에게 약속했던 것에 훨씬 미치지 못하는 액수였다. 금방이라도 부서질 것 같은 식탁 위에 잔뜩 쌓인 청구서 더미에는 더욱더 미치지 못했다.

더구나 아이들이 태어나면서 남편과 아버지로서의 내 책임은 그 어느 때보다 막중해졌다. 특히 심각했던 것은 내가 그 별 볼 일 없는 운명을 조용히 받아들이며 안주하고 있었다는 사실이다. 나는 그동안 내가 너무 안일하게 살아왔음을 깨달았다.

나 자신을 정직하게 들여다보면서 나는 하루하루가 지날 때마다 재정적으로 발전하기보다 오히려 뒤처지고 있음을 알게 되었다. 나는 분명 달라져야만 했다. 그렇다면 어떻게 달라져야 할 것인가? 정말 열심히 일했는데, 단순히 열심히 일하는 것만으로는 나아진 게 없질 않은가. 이것은 내게 충격적인 깨달음이었다. 이마에 땀을 흘리며 생계를 꾸리는 사람만이 보상을 받을 수 있다고 믿으며 자랐기 때문이다.

내가 아무리 노력하고 땀을 흘릴지라도 노인이 되면 주변에서 흔히 볼 수 있는 그저 그런 모습으로 남을 것이 뻔했다. 자기 삶을 스스로 꾸리지 못해 경제적으로 남의 도움을 받아야 하는 모습 말이다. 얼마나 많은 사람이 나이가 들어 경제적인 궁핍함에 시달리고 있는가.

이러한 현실을 생각하자 갑자기 두려워졌다. 그런 미래를 맞이하고 싶은 마음은 눈곱만큼도 없었다. 더욱이 '무엇을 하며 살아갈 것인지'를 자유롭게 선택할 수 있는 나라에서 그것은 있을 수 없는 일이었다! 인생에 대해 새로운 깨달음을 얻으면서 머릿속이 혼란스러워졌다. 내게는 여전히 해답보다 궁금한 것이 더 많았던 탓이다. 내가 선택할 수 있는 것은 무엇인가? 어떻게 하면 내 인생의 방향을 바꿀 수 있을까?

다시 대학으로 돌아갈까? 대학을 1년 만에 그만두었다는 경력은 새로운 직장을 얻으려 할 때마다 단점으로 작용했다. 그러나 가족을 돌봐야 하는 가장이 돈을 벌기는커녕 오히려 돈을 내야 하는 대학으로 돌아가는 것은 비현실적인 선택이었다.

창업은 어떨까? 이것은 생각만으로도 신나는 대안이었다! 하지만 사업에 필요한 자금을 대체 어디서 구한단 말인가. 주급을 받아 근근이 생활하고 있던 나에게 사업자금은 언감생심이었다. 돈은 다 떨어졌는데 다음 주급 날은 까마득하게 여겨졌던 적이 한두 번이 아니었다. 혹시 당신도 그런 경험을 했는가? 월급날은 아직 멀었는데 주머니에는 먼지만 풀풀 날리는 것 말이다.

어느 날 나는 실수로 10달러를 잃어버렸다. 어찌나 속이 상했던지 마음의 고통이 몸으로 이어져 나는 꼬박 2주일 동안이나 앓았다. 고작 10달러 때문에 말이다!

"짐, 그 10달러는 돈이 절실히 필요했던 어느 불쌍한 영혼이 발견했을 거야."

내 친한 친구는 나를 위로하려 애썼다.

솔직히 고백하건대 그 말은 내 억울함을 가라앉히는 데 '전혀' 도움이 되지 않았다. 내가 볼 때 나는 그 10달러를 발견해야 할 사람이지 잃어버려야 할 사람은 아니었다. 하긴 그때 나는 오로지 나밖에 몰랐고 타인을 배려하는 마음은 조금도 없었다.

그처럼 스물다섯 살의 청춘을 보내던 그 시절에 내 꿈은 저만치 멀어져 있었고, 나는 더 나은 삶을 위해 무엇을 바꿔야 할지

전혀 알지 못했다.

그러던 어느 날 내게 행운이 굴러들어왔다. 그 사건이 내가 고민의 늪에 빠져 허우적거릴 때 나타난 이유는 무엇일까? 그 좋은 일이 왜 그때 일어났을까? 그건 잘 모르겠다. 어쨌든 그 사실은 내 인생에서 매우 불가사의한 일 중 하나다.

내 행운은 얼 쇼어프라는 아주 특별한 사람을 만났을 때 찾아왔다. 내가 그를 처음 본 것은 그가 진행하던 어느 세일즈 컨퍼런스에서였다. 그날 밤 그가 한 말 중에서 무엇이 내 마음을 빼앗아갔는지는 정확히 기억나지 않는다. 하지만 그 사람처럼 성공할 수만 있다면 무슨 짓이라도 하겠다고 마음먹었던 것만큼은 생생하게 기억난다.

컨퍼런스가 끝났을 때 나는 있는 용기를 몽땅 짜내 그에게로 다가갔고 더듬거리며 간신히 내 소개를 했다. 다행히 그는 내가 말은 두서없이 했지만 성공하고자 하는 열망만큼은 누구보다 강하다는 것을 알아챘다. 그는 친절하게 나를 도와주려 애썼고 몇 달 후 나는 그의 판매조직에 들어갔다.

이후 5년간 나는 쇼어프로부터 수많은 인생의 교훈을 배웠다. 그는 나를 아들처럼 대해주었고, 지금은 내가 '부와 행복을 얻기 위한 일곱 가지 전략'이라고 부르는 그의 개인적인 철학을 몇 시간씩 가르쳐주었다. 그러던 어느 날 쇼어프는 마흔아홉 살의 나이에 아무런 예고도 없이 갑자기 세상을 떠나고 말았다. 멘토를 잃은 나는 한동안 혼란스러웠지만 곧 마음을 다잡고 그가 내 인생에 미친 영향을 분석하기 시작했다.

그가 내게 준 최고의 선물은 직장이 아니었다. 또한 그의 회사에 있는 동안 세일즈 견습생에서 전무이사로까지 성장할 기회를 준 것도 아니었다. 내가 받은 최고의 선물은 바로 인생철학, 지혜 그리고 성공적인 삶을 위한 기본 원리들이었다. 나는 그로부터 부유해지는 법과 행복해지는 법을 배운 것이다.

다음 몇 해 동안 나는 그에게 배운 것을 내 인생에 적용했다. 결과는 대성공이었다. 실제로 나는 엄청난 돈을 벌었고 더욱 행복해졌다. 특히 내가 배운 것을 내 동료 혹은 직원들과 공유하면서 이전에 느끼지 못했던 커다란 만족감을 얻을 수 있었다. 이러한 경험은 열정적인 반응을 불러일으켰으며 무엇보다 즉각적이

고 측정 가능한 결과를 낳았다.

　물론 내 직업은 기본적으로 사업가지 작가나 연사가 아니다. 그러나 어느 순간 단순하면서도 삶의 결과에 직접적으로 차이를 가져오는 그 인생철학, 지혜, 성공 원리를 다른 사람에게 전달하고 싶다는 생각이 들었다.

　이 책을 읽는 동안 당신이 쇼핑을 하고 있다는 상상을 하라. 쇼핑을 하듯 당신에게 적용되는 아이디어만 취해 그것을 활용하라. 좋은 말이라고 해서 남들이 하는 말을 모두 받아들일 필요는 없다. 당신에게 필요한 것만 쇼핑 카트에 담으면 된다. 중요한 것은 당신 자신에게 반드시 기회를 주어야 한다는 점이다.

　열린 자세로 다음에 나오는 글을 꼼꼼히 읽어보라. 일리가 있다고 생각되는 말이 나오면 그것을 반드시 시도해보라. 그렇지 않은 말은 잊어라. 다음의 말을 꼭 기억하라.

어떤 일에서든 추종자에 머물지 말고 적극적으로 배우는 사람이 돼라!

 차례

프롤로그_ 내 삶이 뒤바뀐 날 • 6

PART 1 변화를 결정짓는 다섯 가지 키워드

훈련 • 21
부 • 34
성공 • 38
행복 • 40
근본원리 • 43

PART 2 GOAL SETTING 목표 설정

첫 번째 전략 충분한 이유를 가져라

잘 정의된 목표의 힘 • 47
네 가지의 위대한 동기유발 요소 • 55
평생 미션의 시작 – 장기 목표 • 64
자신감 확대로 이어지는 – 단기 목표 • 72
가치 있는 목표 세우기 • 78
목표 설정과 시간관리 • 90

MANAGMENT 관리

두 번째 전략 **시간을 다스려라**

현명한 시간 관리자가 되는 법 • *97*
시간 관리의 네 가지 태도 • *100*
시간을 통제하라 • *108*
생각이 아니라 기록부터 하라 • *120*

CHANGE 변화

세 번째 전략 **지금보다 더 나은 사람이 되라**

자기계발의 가치 • *133*
인생에도 사계절은 존재한다 • *139*
스스로 설정해 놓은 한계 • *148*
변화가 필요한 세 가지 영역 • *154*
스스로에게 동기부여 하기 • *159*

KNOWLEDGE 지식

네 번째 전략 **필요한 정보를 충분히 수집하라**

성공을 위한 지식 쌓기 • *167*
다른 사람의 경험에서 빌려온 지혜 • *172*
지식을 얻기 위한 현명한 미래 투자 • *186*

PERSONAL CONNECTIONS 인맥

다섯 번째 전략 **승자와 어울려라**

대인관계가 당신에게 미치는 영향 • *193*
과감한 관계 정리 • *199*
목적 있는 올바른 교제의 시작 • *203*

PART 7
ECONOMY SYSTEM 재정

여섯 번째 전략 **소비의 자유를 통제하라**

재정적 자유를 성취하는 방법 • *211*
재정적 파이 나누기 • *215*
부와 행복의 자세 • *218*
나만의 재무 분석표 • *222*

PART 8
AFFLUENT LIFE 삶의 방식

일곱 번째 전략 **잘사는 기술을 배워라**

풍요로운 라이프스타일로 가는 길 • *229*
똑같은 돈 서로 다른 스타일 • *236*
삶에 가치를 더하는 사랑과 우정 • *245*
당신의 삶이 뒤바뀌는 날 • *250*
변화를 위한 네 가지 질문 • *262*

Dream List 드림 리스트 • *268*

PART *1*

변화를 결정짓는 다섯 가지 키워드

이 책의 모든 개념은 다섯 가지 키워드에서 비롯된다. 따라서 이 책을 이해하고 그 내용으로부터 최대의 가치를 뽑아내려면, 각 개념의 뜻을 정확히 짚고 넘어가는 것이 필수적이다. 당신의 드림리스트를 작성하기 전에 부와 성공, 행복과 훈련, 그리고 모든 성취가 이뤄지는 토대인 '근본원리'에 대한 이해를 높여보자.

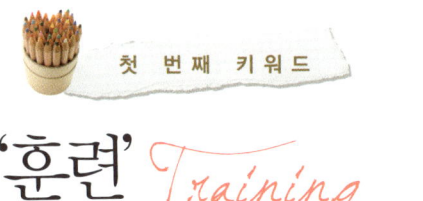

'훈련' Training

 부와 행복을 모두 성공적으로 추구하는 데 한 가지 필수불가결한 요소가 있다면 그것은 바로 훈련이다. '훈련' 하면 사람들은 으레 엄격함과 힘겨움, 틀에 박힌 규칙 등의 이미지를 떠올린다.
 분명히 말하지만 훈련 능력을 습득하는 것은 우리의 꿈과 열망을 좌우한다. 다소 생소하다고 느껴지는가? 그렇다면 잠시 훈련이 무엇을 뜻하는지 정의해보도록 하자.

 훈련은 생각과 실행을 잇는 다리이다.
 막연한 꿈과 성취를 결속하는 끈이며,
 경제적 가난을 부로 바꾸는 열쇠이다.

훈련은 인생에서 목적 없이 떠도는 사람은 결국 비탄과 실의만 맛보게 된다는 것을 아는 사람이 선택하는 삶의 요소다.

훈련은 모든 성공을 이뤄내는 토대이다. 훈련이 없으면 실패는 필연적일 수밖에 없다.

그런데 신기하게도 많은 사람이 훈련이 없으면 성공하기 어렵다는 것을 이해하지 못한다. 사람들은 흔히 실패를 회사가 파산하거나 느닷없이 집을 빼앗기는 사건이라고 생각한다. 그러나 실패는 그런 식으로 일어나지 않는다. 실패는 결코 어떤 독립된 사건의 결과가 아니다. 오히려 그것은 지나치게 훈련을 외면한 탓으로 발생한 작은 실패들이 모여 오랫동안 축적된 하나의 결과다.

실패는 우리가 '오늘' ~~~ 생각하지 않을 때,

'오늘' ~~~을 하지 않을 때,

'오늘' ~~~을 돌보고 노력하지 않을 때,

'오늘' ~~~을 배우지 않을 때 그리고

'오늘' 계속해서 ~~~ 을 할 때마다 발생한다.

만약 당신이 계획에 따라 10달러를 모아야 하는데 전혀 모으지 못했다면, 당신은 '오늘' 10달러 모으기에서 완전히 뒤진 셈이다.

만약 당신이 오늘 편지 열 통을 써야 하는데 세 통밖에 쓰지 않았다면, 당신은 '오늘' 편지쓰기에서 일곱 통이나 뒤진 셈이다.

만약 당신이 다섯 군데에 전화를 하기로 결심했는데 한 군데밖에 하지 않았다면, 당신은 '오늘' 전화하기에서 네 군데나 뒤진 셈이다.

문제는 우리가 '오늘' 하루를 어떻게 허비했는지 알고 있으면서도 그것을 '손해'라고 느끼지 못한다는 데 있다. '딱 하루인데 뭐'라고 생각할 수 있을지 모르지만, 이러한 날들을 모두 더하면 1년이 되고, 1년을 계속 더하면 평생이 되어 버린다. 오늘의 작은 실수나 실패의 반복으로 인해 인생 전체가 커다란 불행에 빠질 수 있음을 명심해야 한다. 이런 생각은 당신에게서 부를 앗아가는 매우 위험한 태도이다.

성공은 이러한 방식을 정 '반대로' 따른다.

만약 당신이 열 군데에 전화를 하기로 했는데 목표를 초과해 열다섯 군데에 전화를 했다면, 당신은 '오늘' 전화하기에서 다섯 군데나 앞선 셈이다.

돈을 모으는 계획에서도 이와 마찬가지로 행동한다면, 당신은 1년 동안 '축적한' 노력의 열매로 부와 행복을 얻게 된다. 또한 이러한 훈련으로 결국 평생에 걸쳐 성공을 얻게 되는 것이다.

훈련은 만능열쇠다. 그것은 부와 행복, 문화와 교양, 높은 자존감과 자아실현 그리고 그에 따르는 자부심, 만족감, 성취감으로 가는 문을 열어준다. 훈련 능력을 습득하려면 어떻게 해야 할까? 먼저 삶에서 훈련의 중요성을 인식해야 한다. 이를 위해서는 스스로에게 두 가지 질문을 해야 한다.

첫째, 다음과 같이 질문해보라.

"내가 인생에서 성취하고 싶은 것은 무엇인가? 내 목표를 달성하려면 무엇을 바꿔야 하는가?"

둘째, 자기 자신에게 '정직하게' 물어보라.

"나는 그에 필요한 것을 기꺼이 하겠는가?"

만약 이 질문에 "그렇다."라고 대답했다면 지혜롭고 '일관되게' 훈련을 하기 위해 의식적, 장기적으로 결의를 다져야 한다. 당신이 다진 결의는 새로운 훈련에 대한 결심을 방해하는 일이 벌어졌을 때 시험을 받게 된다. 어떤 일이 있어도 반드시 실행'해야'하는 바로 그때 말이다.

훈련은 분명 여러 가지로 큰 도움을 준다. 무엇보다 중요한 것은 훈련이 당신 사신에게 '해수는' 것들이다. 당신은 훈련을 통해 자신의 가치가 높아진다는 것을 느낄 수 있다.

아무리 사소한 훈련일지라도 자세에 놀라운 영향을 미칠 수 있다. 당신이 새로운 훈련을 시작했을 때 자신의 가치가 점점 높아지고 있음을 느끼는 것은 훈련을 달성했을 때의 느낌과 별다른 차이가 없다. 사소한 훈련에서 얻는 성취감도 훈련을 달성했을 때의 성취감만큼이나 좋은 것이다.

새로운 훈련은 인생의 방향을 즉시 바꿔준다. 바다 한가운데에서 배가 새로운 목적지로 방향을 돌리는 것처럼 말이다.

훈련은 기회를 끌어당긴다. 가슴 설레는 기회는 예외 없이 기술을 개발하고 행동하려는 야망이 있는 사람들에게 찾아온다. 그리고 훈련과 결의를 통해 목표를 높게 정한 사람들은 소극적인 영혼들이 영원히 못 보고 지나치는 기회를 낚아챈다.

훈련은 화를 억제하고 예의를 지키게 한다.

훈련은 성공을 향해 의욕을 불태우게 하고 실패는 받아들이지 않게 한다.

훈련은 건강을 증진하고 질병은 억제하는 독특하고도 지성적인 사고 및 행동의 과정이다.

훈련을 빚는 과성은 누구나 시작할 수 있다. 단계적으로 한 번에 한 걸음씩 나아가면 된다.

무엇보다 반가운 사실은, 지금 당장 그것을 시작할 수 있다는 것이다!

"내가 ~했다면 ~했을 텐데."라고 말하지 말고 대신 이렇게 말하라.

"내가 ~한다면 ~할 수 있다!"

새로운 과정을 시작하되 작게 출발하라. 그런 다음 새로운 결의를 다지는 법을 배워라. 겉보기에 그리 대단치 않은 출발이지만 당신은 그러한 시작으로부터 훈련받는 것이 어떤 느낌인지 배울 수 있을 것이다. 설령 작게 출발할지라도 일단 시작하면 우리는 무엇이든 해낼 수 있다.

행동 vs 자기기만

최근 몇 년 동안 자신이 원하는 것을 매일 큰소리로 외치면 마법처럼 성공이 이뤄진다고 주장하는 책이 많이 등장했다. 나는 그런 사고방식에 완전히 반대한다. 내 경험으로 볼 때 행동으로 옮기는 훈련 없이 큰소리로 외치기만 하는 것은 아무런 의미가 없다. 오히려 실제로는 매일의 행위가 아무런 발전도 가져오지 않지만 자신이 발전하고 있다고 스스로를 기만하게 만든다.

사람들은 왜 어떤 말을 해놓고 그 말과 완전히 모순되는 행동을 하는 것일까? 부자가 되기를 꿈꾸지만 매일 재정적 재앙을 향해 나아가는 남자, 행복을 바라면서 절망에 이르는 생각 및 행동을 하는 여자는 모두 이런 모순의 전형이다. 행동과 모순된 선언은 잘못된 희망이다.

말은 마치 마약처럼 우리의 마음을 달래주거나 들뜨게 해 자기만족 상태에 놓이게 만든다. 하지만 세상에 말만으로 성취할 수 있는 것은 없다. 기억하라. 발전하려면 반드시 실제로 시작해야 한다!

성공적인 삶을 살고자 한다면 성공적인 계획을 세워 그것을 실천해야 한다. 부자가 되려면 '부자' 계획을 세워 시작해야 한다. 부자 계획이 꼭 부자가 되어야만 시작할 수 있는 것은 아니다. 아무것도 가진 게 없는 사람도 '부자 되기' 계획을 시작할 수 있다.

당신이 시작할 수 있는 계획의 종류는 매우 다양하다.

- 몸이 좋지 않다면 건강 계획을 시작할 수 있다.
- 늘 피곤을 느낀다면 활력 계획을 시작하면 된다.
- 지금까지 받은 교육이 좀 부족하다고 생각된다면 교육 계획을 시작할 수 있다.

- '난 할 수 없어'라고 말하는 당신이라면 '난 할 수 있다' 계획을 시작해야 한다.

누구나 할 수 있다!

지금까지 책 한 권 들여다보지 않은 사람도 당장 독서를 시작할 수 있다. 중요한 것은 '오늘' 행동을 취하는 것이다. 계획이 무엇이든 '오늘' 당장 시작하라.

오늘, 책상 서랍을 정돈하라.
오늘, 당신의 첫 번째 목표를 설정하라.
오늘, 동기부여 CD를 듣기 시작하라.
오늘, 실천 가능한 체중감소 계획을 시작하라.
오늘, 하루에 한 명씩, 껄끄러운 고객에게 전화를 하라.
오늘, 새로 개설한 계좌에 돈을 넣기 시작하라.
오늘, 늦었지만 편지를 써라.

멋진 삶을 향한 새로운 결의에 가속도가 붙게 하라. 보다 나은 삶을 위한 결의에 따라 얼마나 많은 행동을 할 수 있는지 보라.

최선을 다하라! 아래로 잡아끄는 중력으로부터 벗어나라. 내면의 추진기를 작동시켜라. 기다림은 끝났고 거센 바람도 지나갔다. 이제 모든 것은 믿음과 행동에 달려 있다는 것을 스스로에게 증명하라.

   이것은 새로운 삶을 위한 새 날, 새로운 시작이다. 당신은 훈련을 통해 자신이 얼마나 많이 발전할 수 있는지 깨닫고 깜짝 놀랄 것이다. 과거의 죄책감과 두려움 외에 잃을 것이 뭐가 있겠는가.

   이제 나는 다음의 과제를 내주고자 한다. 새로운 시작의 첫날을 새로운 시작의 첫 주로 삼아라.

   실제로 해보고 새로운 시작의 첫 주에 얼마나 많은 일을 시작할 수 있고 또한 그것을 얼마나 계속할 수 있는지 보라. 그런 다음 이것을 새로운 시작의 첫 달로 삼아라. 그 첫 달을 새로운 시작의 첫 해로 삼아라.

   첫 해를 마칠 즈음이면 당신은 다시는 과거의 습관, 과거의 영향, 과거의 후회, 과거의 실패 등 '과거의 피해자'가 되지 않을 것이다. 그때쯤이면 말 그대로 독수리처럼 날개 치며 올라갈 준비가 되어 있을 게 분명하다.

생각이 나를 지배하는 것이 아니라 내가 생각을 지배하는 것이다.

'부' Riches

　두 번째로 정의할 키워드는 '부'이다. 부는 논쟁의 여지가 있는 단어인데, 이는 그 의미가 광범위할 뿐 아니라 때론 상반된 개념으로 쓰이는 경우도 있기 때문이다. 즉, 우리는 서로 다른 시각으로 부를 바라본다. 어떤 사람에게 부는 자신이 원하는 것은 무엇이든 할 수 있을 만큼의 돈을 갖는 것이다. 또 어떤 사람에게 부는 빚으로부터의 해방, 끊임없는 청구서 더미로부터의 자유로움을 의미한다. 또 다른 사람에게는 성장과 성취의 기회를 뜻하기도 한다.

　이러한 다양성으로부터 창의성이 나오며 그 창의성으로 인해 우리는 각자 풍요로운 삶을 살기 위한 독특한 방법을 찾게 된다.

이 주제에 대해 깊이 생각해본 적 없는 대다수의 사람은 '부' 하면 곧바로 '백만장자'를 떠올린다. 백만장자라니! 이 얼마나 가슴 설레는 말인가. 이 말을 생각할 때 사람들은 성공, 자유, 힘, 영향력, 기쁨, 가능성, 자선의 이미지를 그린다. 백만장자라는 것은 분명 마음으로 그리기에 그리 나쁜 이미지는 아니다.

'부'는 경제적인 것 이상의 개념을 포함한다. 사람들은 부유한 경험, 부유한 우정, 부유한 사랑, 부유한 가정 그리고 부유한 문화에 대해 이야기한다. 이 책에서는 재정적 자유를 가져다주는 '부'에 초점을 맞추고자 한다. '노력과 진취적 정신이 화폐와 자산으로 바뀜으로써 얻게 되는 부' 말이다.

당신이 생각하는 '부유함'이란 어느 정도를 말하는가? '이 정도면 부유한 편이다'라고 생각하는 구체적인 금액은 각자 다르다. 하지만 부에 대한 우리의 기본적인 꿈이란 경제적 압박에서 벗어나는 것, 선택의 자유를 누리는 것 그리고 창조하고 공유할 기회를 얻는 것 등을 말할 것이다.

좋은 목표를 가져라. 성공은 그 이후에 찾아온다.

당신에게 '부'란 무엇인가? 당신이 경제적으로 자유롭다고 느끼려면 대체 얼마가 필요할까? 이것은 결코 쓸데없는 질문이 아니다. 곧 알게 되겠지만 자신이 생각하는 '물질적 부'의 개념을 명확히 정의할수록, 부는 당신에게 보다 정확하게 실현된다.

'성공' Success

성공은 다양한 의미를 담고 있다.

성공은 과정인 동시에 목적지다. 그렇지 않은가?

성공은 목표로 가는 부단한 과정이자 목표 달성지이다.

성공은 성취이자 인생의 잠재력을 이해하는 사람만 얻는 지혜다.

성공은 가치를 인식하는 것이자 훈련을 통해 훌륭한 가치를 계발하는 것이다.

성공은 물질적인 동시에 영적이고, 현실적인 동시에 신비적이다.

성공은 보다 나은 것으로 향하기 위해 어떤 것으로부터 등을 돌리는 과정이다. 무기력에서 운동으로, 사탕에서 과일로, 소비에서 투자로.
성공은 변화와 성장, 발전으로의 초대, 즉 좀 더 유리한 위치를 점하기 위해 보다 나은 곳으로 올라오라는 초대에 응하는 것이다.

무엇보다 성공은 인생을 자신이 원하는 모습으로 만드는 일이다. 모든 가능성과 당신이 감탄해 마지않는 삶을 살아간 사람들을 생각해보라. 당신은 당신의 인생에서 무엇을 바라는가? 이것은 매우 중대한 질문이다! 기억하라. 성공은 우리 문화가 만들어낸 일련의 표순이 아니라, 개개인이 명확하게 정의해 궁극적으로 성취하는 가치의 집합이다.

당신의 인생을 당신 자신이 원하는 모습으로 만들어라. 그것이 성공이고 이는 당신 자신을 위한 것이다. 그렇게 하려면 어떻게 해야 할까? 이 질문이 바로 이 책에서 다루고자 하는 주제다.

네 번째 키워드

'행복' *Happiness*

 행복은 누구나 관심을 기울이는 삶의 요소이며 보통 긍정적인 행동을 수반하는 기쁨이다. 행복 역시 부와 마찬가지로 그 의미가 상당히 광범위하고 종종 상반된 개념으로 쓰인다. 행복은 발견의 기쁨인 동시에 앎의 기쁨이다. 특히 인생의 조화를 충분히 인지하고 있는 사람일수록 행복을 발견하는 기쁨을 누린다. 또한 행복은 공들여 인생을 설계하고 실행하는 사람들에게 찾아오는 기쁨이다.

 행복은 주어진 환경에 반응해 인생에서 일어나는 일을 지각하고 즐기는 기술이다.

 행복은 주는 것과 받는 것, 뿌림과 거둠 모두를 통해 얻어진다.

행복은 음식만큼이나 조화와 사상도 즐길 줄 아는 것이다.

행복은 자신의 한계를 뛰어넘어 경험의 범위를 의도적으로 넓히는 사람에게 찾아온다.

행복은 행복감을 빼앗기지 않고 희망을 잃지 않는 사람의 집에 머문다.

행복은 자신의 환경과 감정을 모두 통제할 수 있는 사람에게 존재한다.

행복은 걱정, 낮은 자존감, 시기, 탐욕, 원망, 편견, 증오 같은 두렵고 부정적인 감정으로부터의 해방이다.

행복을 경험한 사람은 인생에서 긍정과 사랑의 힘이 얼마나 강력한지 이해한다.

행복의 가치는 균형에 있다.

행복은 불편 없는 삶이자 주위에 소중한 사람들로 가득 찬 삶이다.

행복은 목적이 있는 행동이며 실천하는 사랑이다.

행복은 명백한 것을 이해하는 동시에 신비로운 것을 경외하는 것이다.

그런데 대부분의 사람들이 행복을 '과거에 잃어버린 그 무엇' 혹은 '어느 먼 미래에 도달하게 될 정상'이라고 생각한다. '~하게 되면 난 행복할 거야'라는 식으로 말이다. 행복은 오직 '현재'에만 경험할 수 있음을 이해하는 사람은 극소수에 불과하다.

단언하건대 행복을 붙잡는 것이 결코 불가능한 것은 아니다.

흥미롭게도 그것은 행복과 별로 어울릴 것 같지 않은 어떤 요소, 즉 훈련을 통해 이해하고 적용함으로써 가능하다.

다섯 번째 키워드

'근본 원리'
Fundamental principles

마지막 키워드로 '근본 원리'라는 말을 들여다보자. 나는 근본 원리를 모든 성취가 이루어지는 토대라고 생각한다. 근본 원리는 모든 것이 흘러나오는 시작, 기초 그리고 현실을 의미한다. '새로운' 근본 원리를 논하는 것은 용어의 모순이다. 그것은 마치 누군가가 새로운 골동품을 만들었다고 주장하는 것과 같다. 근본 원리는 태곳적부터 변함없이 이어져 내려온 것으로, 이는 선사시대 때부터 늘 같았고 세상이 끝날 때까지 계속해서 똑같이 남아 있을 것이다.

이제 근본 원리라는 말을 성공의 개념에 적용해보자. 만약 당신이 근본 원리에 따른 성공, 즉 지속적이고 굳건한 토대 위에 세워진 성공을 찾는다면 근거 없이 떠도는 해답은 피해야 한다. 안타깝게도 내가 사는 캘리포니아 남부에는 별 희한한 해답들이 수없이 제시되고 있다.

사실 성공은 단순한 과정이다. 성공은 어느 날 갑자기 하늘에서 뚝 떨어지는 것이 아니다. 그것은 불가사의한 것도, 은밀한 것도 아니다. 물론 소문은 그와 반대로 얘기하고 있지만 말이다.

성공이란, 인생에 성공의 근본 원리를 꾸준히 적용함으로써 생겨난 자연적인 결과다.

행복과 부도 마찬가지다. 이것 역시 인생에 행복과 부의 근본 원리를 꾸준히 적용함으로써 생겨난 자연적인 결과 그 이상도, 그 이하도 아니다. 핵심은 이 근본 원리를 고수하는 데 있다.

PART 2

목표 설정
GOAL SETTING

첫 번째 전략
충분한 이유를 가져라

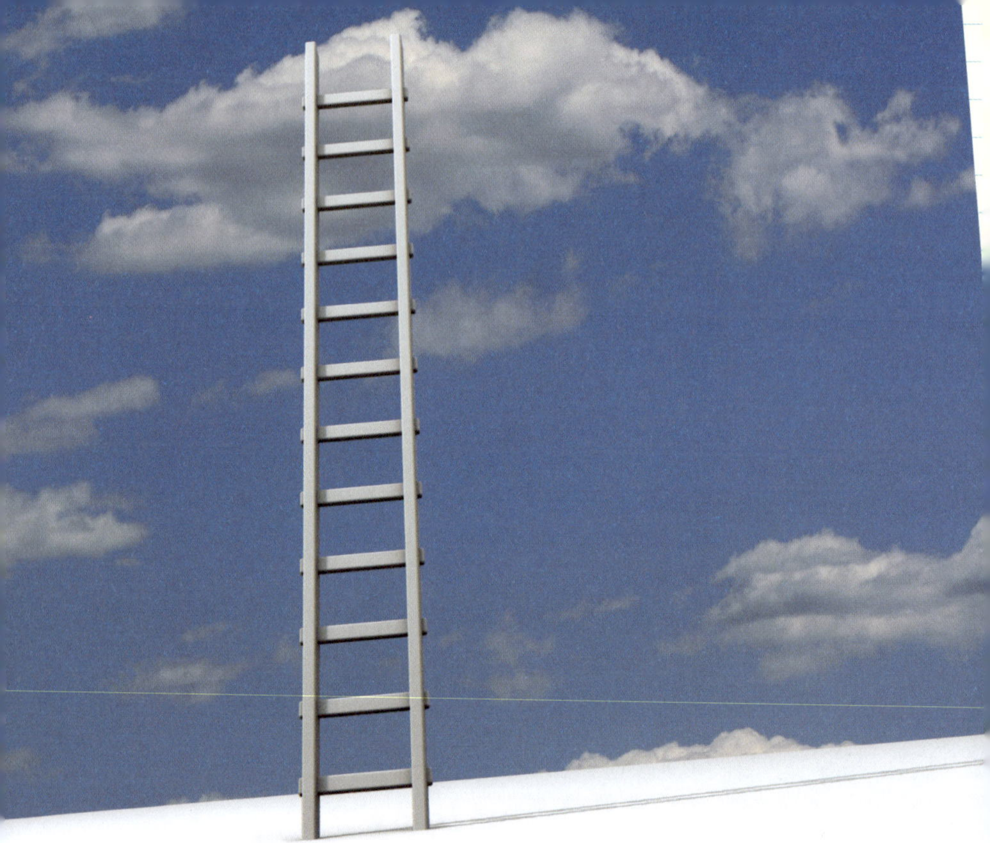

현재, 지금에 살아야 한다.

지나간 과거에 대한 후회는 아무런 도움이 되지 않는다.

나중에 행복해지는 것이 아니다. 지금 이 순간에 행복해져야 한다.

01.
잘 정의된 목표의 힘

　우리의 삶은 몇 가지 요인의 영향을 받는데 그중 하나가 환경이다. 환경이란 우리가 사는 곳, 부모, 학교, 친구 등을 말하며 이들은 제가각 그 억할이 있다. 우리 삶에 영향을 미치는 모든 요인 중에서 '꿈꿀 수 있는 능력'보다 더 유익한 잠재력은 없다. 꿈은 우리가 이끌어가고 싶어 하는 인생의 투영도다. 꿈이 우리를 '이끌어가도록' 하면 꿈은 목표 달성을 방해하는 모든 걸림돌을 제압할 창조적인 힘의 고삐를 바싹 당긴다.

　이 힘의 고삐를 당기려면 꿈을 잘 정의해야 한다. 불명확한 미래는 끄는 힘이 거의 없다. 정말로 꿈을 이루고 싶다면 혹은 미래의 계획이 자신을 끌어당기도록 하려면, 꿈이 생생하고 분명해야 한다.

미래를 맞이하는 데는 두 가지 방법이 있다. 하나는 미래를 기대감에 가득차서 맞이하는 것이고, 다른 하나는 불안해하면서 맞이하는 것이다. 대부분의 사람들이 미래를 그렇게 맞이한다.

간혹 우리는 걱정을 사서 하는 사람을 만나기도 한다. 이들은 왜 그토록 불안해하는 것일까? 그것은 자신의 미래를 설계하는 데 시간을 쓰지 않기 때문이다. 그들은 대개 다른 사람의 인정을 받으려고 애쓰면서 살아간다. 그리고 그 과정에서 인생과 관련된 의문에 다른 사람의 시각을 그대로 받아들인다. 그들이 걱정에 휩싸여 살아가는 것은 당연하다. 늘 주변을 둘러보며 자신이 하는 모든 일에 대해 인정을 구하기 때문이다.

반면 기대감을 갖고 미래를 맞이하는 사람들에게는 생각만 해도 신이 나는 미래 계획이 있다. 그들은 미래를 마음의 눈으로 '바라보는데', 마음속에 생생하게 그려진 그 미래는 굉장히 멋지다. 따라서 미래는 그들의 상상력을 사로잡아 강한 힘으로 끌어당긴다.

이처럼 꿈은 매우 훌륭한 것이지만 그 자체만으로는 결코 충

분치 않다. 꿈, 즉 바라는 결과를 얻기 위해서는 꿈을 향해 나아가게 해줄 목표가 필요하다. 거대한 구조물을 세울 때 기초를 어떻게 놓고, 그 구조물을 어떻게 지탱할 것인지 등에 대해 단계적인 설계도를 그리듯 우리에게는 꿈에 따른 목표가 있어야 한다. 잘 정의된 꿈과 마찬가지로 잘 정의된 목표는 자석과 같이 반응한다. 목표는 당신을 목표 쪽으로 끌어당긴다. 목표를 더욱 잘 정의할수록, 더욱 잘 묘사할수록 목표는 당신을 더 강하게 끌어당긴다. 성공으로 가는 길에서 인생의 '구덩이'들이 당신을 꼼짝달싹 못하게 하려고 위협할 때, 당신에게는 앞으로 끌어당겨줄 강력한 자석이 필요하다.

목표가 얼마나 강력한 힘을 발휘하는지 알고 싶다면 아무런 목적도 없이 살아가는 대다수의 사람들을 관찰해보라. 그들은 멀리 내다보고 자신의 삶을 설계하는 것이 아니라 그저 눈앞의 생계를 꾸려가기에 급급해한다. 오로지 물질과 돈을 추구하는 그들은 매일 경제적 생존의 전장에서 싸우고 있다. 데이비드 소로는 이러한 현실의 비극을 잘 꼬집고 있다.

"대부분의 사람들은 말없이 절망의 삶을 살아가고 있다."

입사한 지 2주일이 지난 어느 날 아침, 쇼어프와 나는 함께 아침식사를 하고 있었다. 내가 계란 요리를 거의 다 먹었을 즈음 쇼어프가 말했다.

"짐, 자네의 목표 목록을 한번 살펴보세. 자네의 목표를 검토하고 서로 대화를 나누는 것이 지금 내가 자네를 도와줄 수 있는 가장 좋은 방법인 것 같네."

나는 당황스러웠다.

"지금은 목표 목록이 없는데요."

"지금 가지고 있지 않은가?"

"아니요, 사장님. 목표 목록이 아직 없습니다."

그는 내 눈을 똑바로 들여다보며 말했다.

"자네에게 목표 목록이 없다면 자네의 계좌에는 잔액이 몇 백 달러밖에 없겠군."

그의 추측은 사실이었다. 그가 내 상황을 정확히 꼬집는 바람에 나는 깜짝 놀라 물었다.

"사장님 말씀은 저에게 목표 목록이 생기면 제 계좌의 액수가 바뀔 거라는 의미입니까?"

"물론이지. 그것도 엄청나게 바뀔 걸세."

쇼어프와의 대화는 계속 이어졌다.

"짐, 현재 자네의 통장 잔고는 자네의 지식수준을 제대로 반영하고 있지 않은 것 같네."

이 말을 듣고 얼마나 기뻤는지 모른다. 내 표정이 밝아지는 것을 보며 그가 덧붙였다.

"나는 자네가 재능과 능력이 풍부하고 자네 자신이 아는 것보다 훨씬 더 똑똑하다고 생각하네."

"그런데 왜 제 통장 잔고는 더 이상 늘지 않는 걸까요?"

그의 대답은 간단했다.

"그건 자네에게 성취해야 할 충분한 '목적'이 없기 때문이라네."

내가 얼른 이해하지 못해 고개를 갸우뚱하자 그가 말했다.

"충분한 동기가 있다면 자네는 놀라운 일을 해낼 수 있을 걸세. 자네에게는 충분한 지식은 있지만 충분한 이유는 없는 셈이지."

돌이켜 보건대 이것은 내가 수백만 달러의 부를 이룰 수 있게 해준 가장 중요하고도 핵심적인 개념이었다.

"충분한 이유를 가져라."

그날 이후 나는 매우 중요한 사실을 깨달았다. 결과는 당신 자신이 원하는 것이 무엇인지 알고 그것을 충분히 갈망할 때에만 해답과 방법, 그리고 그것을 얻는 방법 또한 드러낸다는 것이다.

목표 설정은 그때부터 내가 이룬 성취, 수입, 통장 잔고, 라이프스타일, 기부금, 심지어 내 인격은 한층 긍정적으로 변화됐다.

당신이 꼭 부자가 되어야 하는 분명하고도 명확한 이유가 있고 실현하기 위해 늘 고민 중에 있다면 당신은 큰돈을 벌 수 있는 방법을 알려주는 모든 책을 구입하고 정보를 얻기 위해 그 어디라도 참석할 것이다.

하지만 당신에게 꼭 부자가 되어야 할 분명하고도 명확한 이유가 없다면 그런 책을 읽거나 시간을 들여 CD를 듣는 일은 없을 것이다. 인간은 필요해야 무언가 궁리 하는 속성을 지니고 있다. 늘 기억하라. 항상 충분하게 이유를 먼저 찾고 그 결과를 구하라.

단언하건대 목표 설정은 어느 누구의 삶에든 심오한 영향을

미친다. 그렇기 때문에 나는 이 과정에 대해 상당히 많은 지면을 할애해 설명할 생각이다. 생각을 메모할 수 있는 노트가 옆에 있다면 더욱더 좋겠다.

나에게 힘이 되는 것을 찾아라

전쟁에서 군인들이 삶을 포기하지 않았던 큰 이유는 대부분 고향에서 온 편지나 사진 때문이었다고 한다.

비록 작은 것이라 하더라도 나에게 소중한 것을 찾아라.

02.
네 가지의 위대한 동기유발 요소

"나에게 동기를 부여하는 것은 무엇인가?"

동기를 부여하는 요소는 사람마다 다르다. 누구에게나 자신만의 주요 관심사가 있게 마련이다. 따라서 자신의 내면을 조금만 깊이 들여다보면 분명 자신의 강력한 동기부여 요소를 발견할 수 있을 것이다. 탁월함을 위한 훌륭한 동기부여 요소에는 어떤 것들이 있을까? 수많은 사람이 바라는 경제적인 이익 이외에도 네 가지의 커다란 동기부여 요소가 있다.

첫째는 '인정'이다.

대기업과 노련한 영업 관리자들은 물질적 보상보다 인정받기 위해 노력하는 사람들이 있음을 알게 되었다. 성공적인 판매 조직, 특히 직접 판매 산업에 종사하는 사람들이 크든 작든 모든 성취를 인정하는 이유가 여기에 있다. 인정은 일종의 자기 가치에 대한 확인이다.

나는 보다 많은 회사가 종업원(영업사원뿐 아니라 중역, 비서, 정비원 등 모든 사람)을 인정하는 데 더욱 많이 신경 쓴다면 생산성이 엄청나게 향상될 거라고 믿는다.

둘째는 '승리'의 느낌이다.

사람들이 승리의 느낌을 좋아한다는 것은 매우 큰 동기 중 하나다. 내 몇몇 친구는 수백만장자인데 지금도 더 많은 돈을 벌기 위해 하루에 열 시간에서 열두 시간을 일한다. 물론 그들은 돈이 필요해서가 아니라 '승리'에서 오는 기쁨, 즐거움 그리고 만족감을 얻기 위해 일하는 것이다. 그들에게 돈은 동기부여 요소가 아니다. 돈은 이미 충분히 갖고 있다. 그들로부터 일에 대한 열정을 이끌어내는 것은 바로 승리에서 오는 짜릿한 '느낌'이다.

간혹 나를 찾아와 자신의 생각을 털어놓는 사람들이 있다.

"론 선생님, 제게 백만 달러가 생긴다면 저는 단 하루도 더 일하지 않을 겁니다."

이런 이유로 신은 그렇게 말하는 사람들이 절대 큰돈을 벌지 못하게 하는 것은 아닐까? 모두들 하던 일을 그만둘 테니 말이다.

셋째는 '가족'이다.

사람은 자기 자신을 위해서라면 하지 않았을 일들도 사랑하는 사람을 위해서라면 기꺼이 마다하지 않는 경우가 많이 있다. 가족은 한 사람의 삶의 방식 전체를 바꿔 놓을 수도 있는 영향을 주는 존재가 되곤 한다. 사랑하는 사람들을 위해 무언가를 하겠다는 열망은 아주 강력한 동기부여 요소다.

넷째는 '자신이 가진 부를 나눠주고자 하는 열망'이다.

위대한 철강 왕 앤드루 카네기가 사망한 뒤 그의 책상 서랍에서 노란색 종이가 한 장 나왔다. 거기에는 카네기가 20대 때 쓴 인생의 주요 목표가 죽 나열되어 있었다. 그 목표 중 하나가 바로 이것이다.

"나의 인생 절반은 돈을 모으는 데 쓸 것이다. 그리고 나머지 절반은 그 돈을 모두 나눠주는 데 쓸 것이다."

뚜렷한 목표를 세운 카네기는 인생의 전반기에 4억 5,000만 달러라는 어마어마한 돈을 모았다(이것은 오늘날의 450억 달러에 해당하는 액수다!). 그리고 실제로 인생의 후반기에는 그것을 모두 나눠주는 기쁨을 누렸다.

자선 같은 고상한 목표를 성공의 동기로 삼는 것은 정말 멋진 일이다. 그러나 내가 성공을 위해 고군분투하던 초창기 시절에 내 동기부여 요소는 훨씬 더 현실적이었다. 내가 성공하고자 했던 이유는 보다 기본적인 것이었다. 쇼어프와 만나기 얼마 전, 하루는 집에서 빈둥거리고 있는데 누군가가 우리 집 대문을 두드리는 소리가 들려왔다. 문을 열자 열 살 정도의 여자아이가 용기와 결의를 몽땅 짜낸 듯한 커다란 갈색 눈으로 걸스카우트 쿠키를 팔고 있다고 말했다.

여자아이는 두세 가지 맛에 특별행사 가격으로 한 상자에 2달러밖에 하지 않는다고 훌륭하게 소개했다. 그런 말을 듣고 누가

거절할 수 있겠는가. 여기에 더해 여자아이는 밝은 미소를 지으며 공손하기 그지없는 태도로 내게 쿠키를 사달라고 요청했다.

나는 정말 그 아이의 쿠키를 사고 싶었다. 아니, 사주고 싶어 못 견딜 지경이었다. 하지만 안타깝게도 내겐 2달러가 없었다. 자녀를 둔 아버지에다 대학을 다녔고 직장이 있던 나는 고작 2달러도 없었던 것이다

그렇다고 커다란 눈을 반짝이며 밝게 미소를 짓는 아이에게 그 사실을 말할 수는 없었다. 나는 차선책을 택했다.

"고맙지만 아저씨는 이미 걸스카우트 쿠키를 샀단다. 아직도 집에 많이 남아 있는 걸. 미안하구나."

그것은 거짓말이었다. 하지만 그것만이 위기에서 벗어날 수 있는 유일한 방법이었다. 아이는 "괜찮습니다. 대단히 감사합니다."라고 말하고는 몸을 돌려 가버렸다. 나는 여자아이가 멀어져가는 것을 물끄러미 지켜봤는데 그 시간이 아주 길게 느껴졌다. 아이가 시야에서 사라진 뒤, 문을 닫은 나는 문에 등을 기대고 큰소리로 외쳤다.

"더 이상 이렇게 살고 싶지 않아. 돈이 없는 것도 지겹고, 거짓말을 하는 것에도 넌더리가 난다고! 다시는 주머니에 돈이 한 푼

도 없는 것 때문에 창피를 당하지 않을 테다!"

그날 나는 주머니에 항상 몇 백 달러를 갖고 다닐 수 있을 만큼 돈을 벌겠다고 나 자신과 약속했다. 이것으로 무슨 거창한 상을 받을 수 있는 것은 아니지만, 내 인생에 지속적인 영향을 미치기엔 충분했다.

내 걸스카우트 쿠키 이야기는 해피엔딩으로 막을 내린다. 그로부터 몇 년 뒤 제법 많은 돈을 입금하고 은행을 나와 길을 건너려는 순간, 두 여자아이가 어느 단체의 이름으로 사탕을 팔고 있는 것을 보았다. 그중 한 아이가 내게 다가와 공손하게 말했다.

"선생님, 사탕 좀 사주시겠어요?"

나는 유쾌하게 대답했다.

"그럴까? 무슨 사탕이니?"

"아몬드 로카예요."

"아몬드 로카라고? 그거 내가 제일 좋아하는 건데! 얼마니?"

"2달러예요."

2달러라고? 말도 안 돼! 나는 갑자기 가슴이 콩닥거렸다.

"사탕이 몇 상자나 있니?"

"다섯 상자 있어요."

나는 옆의 친구를 바라보며 물었다.

"너는 몇 상자나 있니?"

"저는 네 상자 있어요."

"그럼 모두 합해 아홉 상자구나. 좋아, 내가 몽땅 사주마."

이 말에 깜짝 놀라 입이 벌어진 두 여자아이는 동시에 외쳤다.

"정말이에요!?"

"그럼. 친구들에게도 좀 나눠주려고 하거든."

아이들은 신이 나서 상자를 쌓아 올렸다. 나는 호주머니에 손을 넣고 18달러를 꺼내 아이들에게 주었다. 팔에 상자를 잔뜩 안고 막 떠나려고 하는 순간, 한 아이가 나를 쳐다보더니 엄지손가락을 세우며 말했다.

"아저씨, 진짜 짱이에요!"

어떤가, 겨우 18달러를 써서 누군가가 당신의 얼굴을 쳐다보며 "당신은 진짜 짱이에요!"라고 말하는 것을 듣는 것이! 나는 그런 기회를 다시는 놓치고 싶지 않다. 그렇기 때문에 항상 몇 백 달러를 주머니에 넣고 다니겠다는 나와의 약속을 아직까지 지키고 있다. 내 사례는 내 '쿠키' 경험과 더불어 분노와 수치도 성공하기 위한 '냉엄한 현실적' 동기부여 요소로 작용한다는 것을 보여준다.

내 친구 로버트 드퓨는 예전에 올리브로 유명한 도시인 캘리포니아 주 린지(Lindsay)에서 교사로 일했다. 몇 년을 일한 로버트는 그 일을 그만두고 다른 일을 시작했으면 하는 마음이 간절했다.

어느 날 그는 아무에게도 말하지 않고 직장에 사표를 내던지고는 세일즈에 뛰어들었다. 그의 가족이 그 사실을 알게 되었을 때 그는 온갖 비난을 들어야만 했다. 그중 최악의 반응을 보인 사람은 그의 형이었는데, 그는 자기 동생을 괴롭히는 것에 쾌감을 느끼는 듯했다.

"넌 틀림없이 쫄딱 망하고 말 거야. 그 좋은 교사 자리를 헌신짝처럼 내던지다니. 가진 것을 몽땅 잃을 게 뻔해. 제정신이라면 세일즈맨으로 일하기 위해 교사직을 그만둘 수는 없지."

로버트의 형은 기회가 있을 때마다 그를 비난하고 비웃었다. 형의 행동에 너무 화가 난 그는 세일즈에서 보기 좋게 성공해 본때를 보여주겠다고 결심했다. 현재 로버트 드퓨는 내 백만장자 친구 중 하나다.

무언가를 증명하고 싶은가? 지우고 싶은 수치스러운 기억이 있는가? 그렇다면 도전해서 성공하라. "성공은 가장 달콤한 복

수다."라는 말은 사실이다.

지금까지 살펴보았듯 승리, 성공, 성취에 대한 이유는 매우 다양하다. 중요한 것은 충분한 이유를 갖는 것이다. 그렇다면 평범한 성취에 그치는 삶에서 부와 행복을 성취하는 삶으로 뒤바꿀 수 있는 결정적 요인, 즉 자신의 주요 관심사를 찾으려면 어떻게 해야 할까?

03.
평생 미션의 시작
장기 목표

 아직 목표를 설정하지 않았다면 당장 노트나 플래너를 가져오라. 스스로 구경꾼(독자)에서 참가자(저자)로 변신하는 것이다. 이제부터 당신이 해야 할 과제는 그 영향이 평생 지속될 거라는 점에서 좀 독특하다. 주제는 목표 설정이며 그 목표는 당신이 평생 몰두해야 하는 일이다. 당신은 그 목표를 향해 나아가는 동시에 늘 스스로를 발전시키고 변화시켜야 한다.
 이것을 왜 해야 할까? 그 이유는 이것이 자신이 늘 꿈꿔왔지만 이뤄지리라고 기대조차 하지 못했던 라이프스타일로 가기 위한 첫 번째 단계이기 때문이다. 그러므로 서둘러 시작하자. 훈련을 빨리 시작할수록 그 결과를 더 빨리 얻을 수 있다. 일단 결과를 얻기 시작하면 좀 더 수고하는 것이나 훈련하는 것 정도는 개의치 않게 된다. 노트나 플래너에 '장기 목표'라고 제목을 써라.

지금부터 당신이 해야 할 일은 '다음 1년에서 10년 내에 내가 이루고 싶은 것은 무엇인가?'라는 질문에 대답하는 것이다.

전체 시간은 12분에서 15분이 적당하다.

그 시간동안 최소 50개 이상의 목록을 작성할 것을 목표로 두어라.

당신이 원하는 모든 것을 나열하라.

최소한의 시간을 들여 최대한 많은 항목을 써 내려가야 한다.

여기서 반드시 주의할 점은 현재 자신의 재정적 상황이나 환경적 요인에 타협하여 가능할 것 같은 목록들을 써내려가서는 안 된다는 점이다. 이룰 수 있는 목표가 아니라 웅장하고도 과감한 당신의 바람을 드러내 숨어있는 자신의 갈망과 만나게 해야 한다. 현실과 타협하지 않은 꿈의 목록을 적어보자.

시작하기 전에 다음에 제시하는 여섯 가지 질문을 지침으로 삼으면 도움이 될 것이다.

1. 나는 무엇을 하고 싶은가?
2. 나는 무엇이 되고 싶은가?
3. 나는 무엇이 보고 싶은가?
4. 나는 무엇을 갖고 싶은가?
5. 나는 어디에 가고 싶은가?
6. 나는 무엇을 나누고 싶은가?

위의 여섯 가지 질문을 염두에 두고 다음의 가장 중요한 질문에 대답을 해보라.

"다음 1년에서 10년 내에 내가 이루고 싶은 것은 무엇인가?"

머릿속에서 생각이 자유롭게 돌아다니도록 내버려두라. 이 단계에서는 너무 자세하고 구체적으로 들어가려 할 필요는 없다. 예를 들어 내부가 파란색인 회색 벤츠 380L을 원한다면 그저 '380'이라고 쓰고 다음 항목으로 넘어가라.

이 단계의 핵심은 자신이 진정 원하는 것이 무엇이고 그것이 얼마나 되는지, 얼마의 꿈을 품고 살았는지를 가늠하게 해 주는 데 있다. 단 지금부터 15분 동안 당신이 원하는 모든 것을 적어보라. 만약 당신이 그 시간동안 50개 이상의 목록을 적지 못했다면 미래 당신의 부와 행복은 위태로운 상태일 수 있다.

 자, 이제 작성된 목록들을 이루거나 얻는 데 몇 년이 걸릴지 숫자를 적어보라. 만약 1년 정도 걸릴 것 같다면 그 항목 옆에 '1'이라고 써라. 원하는 것을 이루는 데 3년 정도 걸릴 것 같다면 항목 옆에 '3'이라고 써라. 5년 정도 걸릴 것이라고 생각하는 것 옆에는 '5', 그것을 이루는 데 10년이 걸릴 것 같다면 항목 옆에 '10'이라고 써라.
 이제 목표들이 잘 균형 잡혀 있는지 확인해보라. 예를 들어 10년짜리 목표는 많은데 1년짜리 목표가 별로 없다면 이는 당신이 목표 날짜를 연기함으로써 지금 취해야 할 행동을 미루고 있다는 의미일 수도 있다. 반면, 장기적인 목표가 별로 없다면 그것은 아마도 장기적인 측면에서 당신이 이루고 싶은 것을 아직 정하지 못했기 때문일 것이다.
 단기 목표와 장기 목표는 균형을 이뤄야 한다.

혹시 목표가 너무 많아 약간 당혹스러운가? 수십 개가 넘는 다양한 목표를 설정하는 데는 그만한 이유가 있다. 목표가 다양하지 않으면 달 착륙이라는 평생의 사업을 완수하고 모든 것이 끝난 것처럼 느꼈던 초기 아폴로 우주비행사들 일부처럼 심각한 우울증을 겪어야할지 모른다.

인생을 즐기는 최고의 방법은 한 목표를 마무리하는 동시에 다음 목표로 초점을 옮기는 것이다. 성공의 식탁에 너무 오래 앉아 꾸물거리는 것은 위험하다. 다른 식사를 즐기기 위해서는 식탁을 떠나 배를 비워야 한다.

목표의 목록을 적고 균형을 맞췄다면 네 가지 기간 1년, 3년, 5년, 10년으로 분리해보자.

이후 각 기간의 범주 내에서 당신에게 가장 중요하다고 생각하는 네 개의 목표를 각각 선택하라. 그렇게 하면 열여섯 개의 목표로 압축된다. 목표마다 다음의 내용을 포함하는 글을 써라.

1. 자신이 원하는 것에 대해 자세하게 묘사한다.

그것이 물리적인 사물이라면 높이, 넓이, 가격, 모델, 색깔 등을 묘사한다. 반면 그것이 어떤 지위나 시작하고 싶은 사업이라면 연봉, 직급, 자신이 확보할 수 있는 예산, 종업원 수 등을 포함해 그 일과 관련된 내용을 자세히 묘사한다.

2. 위에서 묘사한 항목을 성취
혹은 이루고 싶은 이유를 적는다.

이 단계에 이르면 당신은 그것이 진정으로 원하는 것인지 아니면 그냥 막연한 생각인지 알게 된다. 그것을 왜 원하는지 분명하고 납득할 만한 이유가 떠오르지 않는다면 그 항목을 '진정한 목표'가 아니라 '막연한 생각'의 범주에 넣고 다른 것으로 대체하는 것이 좋다.

'자신이 원하는 것'은 그 배경에 합당한 이유가 있어야만 강력한 동기부여 요소가 된다. 한때 중요하게 여기던 목표였지만 그것을 원하는 충분한 이유를 찾지 못해 더 이상 관심이 가지 않는 경우도 생길 수 있다. 그것은 좋은 현상이다. 진정한 목표를 찾는 과정은 자신의 목표를 돌아보고 다듬고 수정하기 위해 필요한 일이다. 무엇보다 중요한 것은 이러한 과정이 자신의 미래를 계획할 수 있게 도와준다는 점이다.

열여섯 개의 목표가 정해졌다면 그것을 다른 종이나 오랫동안 보관할 수첩에 옮겨 적고 항상 갖고 다녀라. 그리고 일주일에 한 번씩 그것을 들여다보며 그것이 여전히 중요한지 또한 그 목표를 실현하기 위해 적극적으로 나아가고 있는지 확인하라. 목표 설정은 결과가 확정된 일회성 작업이 아니다. 오히려 그것은 지속적이고 평생에 걸친 과정이다.

"다음 1년에서 10년 내에 내가 이루고 싶은 것은 무엇인가?"

04.
자신감 확대로 이어지는
단기 목표

    단기 목표란 그것을 달성하는 데 하루에서 1년이 걸리는 목표를 말한다. 단기 목표는 장기 목표보다 원대하지는 않아도 그 중요성만큼은 똑같다. 배의 선장은 최종 목적지를 향해 장기 진로를 정하지만 그 과정에는 성공적인 항해를 위해 반드시 도달해야 하는 단기 도착 지점들이 있게 마련이다. 바다를 항해하는 것과 마찬가지로 당신의 단기 목표는 반드시 장기 목표와 연관되어 있어야 한다.

    이러한 단기 목표는 가까운 장래에 도달할 수 있다는 이점이

있다. 나는 이러한 목표를 가리켜 '자신감 확대 목표'라고 부르는데, 이것은 단기 목표를 성취하면 계속해서 나아갈 자신감을 얻을 수 있기 때문이다. 열심히 일하고 밤늦게까지 노력해서 특정한 단기 목표를 달성하면, 그 성취의 결과를 즐기는 동시에 동기가 부여되어 계속 장기 목표를 향해 나아갈 수 있다.

노트나 플래너에 단기 목표를 함께 적어 놓아야 하는 강력한 이유가 바로 여기에 있다. 단기 목표는 장기 목표와 달리 시간을 정하고 작성 할 필요는 없다. 먼저, 다가올 1년 동안 내가 이룰 목표를 정하라.

한 개의 목표 이상이 되어도 좋다. 다만 그것을 이루기 위한 각각의 필요 사항 모두를 작성해야 한다.

작성된 필요 사항들은 분기별로 나누어 재설정되어야 한다. 이후 각 분기별 목표 달성에 필요한 항목을 다시 한 번 세분화하고 이렇게 만들어진 목록들을 매월 실행과제로 정리하게 되면 완벽한 단기 목표를 세울 수 있다. 이러한 단기 목표를 더욱 충실하게 뒷받침하고 싶다면 각 해당 월의 목표들을 주 단위와 일 단위로 재편성하는 것이 좋다.

주기적으로 목표 목록을 확인하라. 목표 중에서 어떤 것을 달성했다면 성취를 자축하라. 아무리 작은 일일지라도 성취에 대해 보상을 받는 것은 매우 중요하다. 성취는 그 자체로 만족을 줄 뿐 아니라 다음으로 전진하는 데 의욕을 북돋워준다. 시간을 내서 자신의 승리를 즐겨라. 그러면 여기에 고무되어 더 많은 것을 하려는 의지가 샘솟을 것이다.

성공을 자축하는 포도주잔을 들라고 한 것처럼 내가 추천하고 싶은 방법이 하나 더 있다. 이는 그다지 인기 있는 방법은 아니지만 효과는 확실하다. 그것은 실패의 고통을 가슴 깊이 느끼라는 것이다. 알다시피 우리는 승리의 기쁨과 실패의 고통이라는 두 종류의 경험을 통해 성장한다. 실패 역시 우리 삶을 윤택하게 해주는 밑거름이 될 수 있다. 그러므로 과제를 완수하는 과정에서 빈둥거렸다면 자신의 나태함에 대해 대가를 치를 방법을 찾아야 한다. 당신은 긍정적인 행동과 부정적인 행동 모두에 대해 책임을 져야 하는 것이다.

더불어 당신의 일상적인 허튼소리를 참아주지 않을 사람들과 어울려라. 세상을 편하게 살아가는 군중에게 휩쓸리지 마라. 기대치가 높고 성취에 대한 압력이 높은 곳으로 가라. 그것 역시

부와 행복을 얻기 위한 종합적인 전략의 일부이다.

나는 당신이 성공하기를 바란다! 그래서 약간 염려가 되는 것도 사실이다. 나는 이 장을 읽는 사람들이 대부분 목표를 설정하고 다듬는 과정을 끝까지 해내지 않으리라는 것을 알고 있다. 그 이유가 궁금하다고? 왜냐하면 목표를 다듬고 정리하는 것은 많은 시간과 생각을 요구하는 일이기 때문이다.

역설적이게도 날이면 날마다 자신이 그다지 좋아하지 않는 직장에 출근해서 열심히 일하는 사람들에게 시간을 들여 미래를 설계하라고 권하면 그들은 대개 이렇게 대답한다.

"시간이 없어요!"

그들은 자신의 미래가 미끄러져 내려가도록 내버려두는 셈이다. 나는 대부분의 사람들에게 명확한 계획이 없다는 사실을 알고 있다. 당신은 그러한 '대부분'에 속하지 않길 바란다. 두 손을 모으고 걱정스런 표정으로 상황이 나아지길 기도만 하는 사람이 되지 마라.

당신이 인정하든 하지 않든 당신은 지금 인생이라는 경기를 뛰고 있는 선수 중 하나다. 그 경기에서 공을 던질 골대가 없다면 당신은 흥미를 갖고 적극적으로 경기에 임할 수 없다. 또한 점수를 내지 못하는 당신의 경기를 보려고 돈을 지불할 사람은 어디에도 없다.

"네, 하지만 당신이 내가 일하는 곳에서 일한다면 그런 말을 못할 겁니다. 저는 늦은 시간에 퇴근해서 식사를 합니다. 그리고 잠깐 TV를 보면서 쉰 다음에 잠자리에 들지요. 그런데 목표를 세우고 말고 할 시간이 어디 있겠습니까?"

이렇게 말하는 사람은 대개 자동차 할부금이 밀려 있다. 그는 좋은 직원이고 성실하게 열심히 일하는 사람일 것이다. 하지만 한 가지만 기억하라. 내가 알게 된 사실은 아무리 성실하고 오랫동안 열심히 일한 사람도 결국 빈털터리가 되어 쩔쩔매는 상황에 처할 수 있다는 점이다. 당신은 좋은 직원 이상이 되어야 한다. 성실한 사람 이상이어야 한다. 멋진 계획가, 멋진 목표 설정가가 되어야 한다.

목표를 기록하는 행동은 당신이 성장하겠다는 결의를 다지는 것은 물론, 그 자세가 매우 진지하다는 것을 보여준다. 진정으로 성장하고 싶다면 목표 설정에 진지하게 임해야 한다. 엄격할 필

요는 없지만 진지해질 필요는 있다. 누구나 현재보다 미래가 더 나아지길 바란다. 하지만 분명한 계획이 없으면 '바람'은 오히려 자신에게 해가 될 뿐이다. 이와 관련해 성경은 의미 깊은 말을 전해주고 있다.

"소망이 이루어지지 않으면 마음이 병든다."

나는 '수동적 바람'이라고 부르는 병을 앓은 적이 있는데, 그것은 정말 좋지 않은 증상이다. 그것은 나이가 쉰 살이 넘어 몹시 가난한데도 여전히 웃으면서 뭔가를 바라기만 하는 것을 의미한다. 그것은 정말 심각한 증상이다. 제발 진지해져라. 목표를 종이에 적어라. 이것만이 실질적인 전략이다.

05.
가치 있는 목표 세우기

성경에 보면 "꿈과 비전이 없는 사람은 멸망한다."는 말이 나온다. 지당한 말이다! 그 반대 또한 사실이다. 꿈이 있는 사람은 자신이 원하는 대로 변화할 수 있다. 지금까지 우리는 목표를 설정하고 그것을 향해 나아가는 방법을 살펴보았다. 이번 장에서는 꿈을 통해 당신을 변화시키는 방법을 알아보도록 하자.

일단 자신에게 진정으로 중요한 목표를 정했다면 더 이상 자신이 예전과 똑같은 사람이 아님을 이해해야 한다. 진정한 목표는 당신이 하는 거의 모든 것에 하루 종일 영향을 미친다. 또한 그것은 당신이 가는 곳마다 따라다닌다. 악수하는 법, 옷 입는 스타일, 말할 때의 어조, 느끼는 방식 등 목표가 생기면 모든 것이 변한다. 한마디로 목표를 중요하게 생각하면 자신이 하는 모든 것이 그 목표의 성취와 연관된다.

목표가 정말로 당신을 움직이게 하려면, 목표가 당신의 삶을 책임지도록 하려면 그 목표는 진정으로 가치가 있어야 한다.

한번은 어떤 남자에게 목표를 물어보았다.

"이번 달 목표는 무엇입니까?"

그는 한숨을 내쉬며 대답했다.

"그저 이 짜증나는 청구서를 지불할 수 있을 만큼만 돈을 벌 수 있었으면 좋겠어요."

그것이 그 사람의 목표였다! 물론 청구서를 지불할 만큼의 돈을 버는 게 목표가 될 수 없는 것은 아니다. 그것도 목표가 될 수 있다. 하지만 그것은 너무 작고 빈약한 목표다. 나라면 그것을 인생에서 가장 영감을 주는 동기부여 요소 목록에 넣지 않을 것이다. 월요일 아침에 일어나 "와! 이 짜증나는 청구서를 지불할 수 있을 만큼의 돈을 버는 새날이 시작되었어!"라고 말할 사람이 어디 있겠는가.

목표가 자신을 변화시키도록 하려면 목표를 높게 잡아야 한다. 상상력을 자극하고 의욕에 불을 붙여 행동에 옮기도록 동기를 부여할 수 있을 만큼 높은 목표를 세워라. 손이 닿지 않을 만큼 높은 목표를 세워라. 그래야만 성장하고 발전할 수 있다. 목표가 당신을 잡아끌 수 있을 정도로 높이 잡아야 한다. 단, 시작하기도 전에 의욕을 잃는 목표는 피해야 한다.

목표 설정의 진정한 가치는 그 '달성'에 있는 것이 아니다. 엄밀히 말해 자신이 원하는 것을 얻는 것은 부차적인 일이다. 그렇다면 왜 목표를 설정하는 것일까? 목표를 설정하는 가장 중요한 이유는 자신이 그것을 달성하는 데 적합한 사람으로 거듭나도록 하기 위해서다. 말도 안 된다고 생각하는가? 다음의 부연 설명을 들어보라.

당신은 '백만장자가 되겠다'는 목표가 안겨주는 가장 큰 가치가 무엇이라고 생각하는가? 엄청난 양의 돈일까? 나는 그렇게 생각하지 않는다. 가장 큰 가치는 목표에 도달하는 과정에서 얻게 되는 기술, 지식, 훈련 그리고 리더십에 있다. 그 가치는 전략을 세우고 스스로를 계발하는 경험을 통해 얻게 된다. 그것은 엄청난 돈을 끌어들일 수 있을 정도의 용기, 헌신 그리고 의지력을 발휘하기 위해 내면으로부터 끌어올린 힘이다.

백만장자의 '자세'를 갖추지 못한 사람에게 백만 달러를 주면 아마도 그 돈을 허비하고 말 것이다. 그러나 진정한 백만장자는 모든 부가 사라져도 순식간에 재산을 새로 모은다. 왜냐하면 열심히 노력해서 백만장자의 지위를 얻은 사람은 그 과정을 되풀이할 수 있는 기술과 지식, 경험을 이미 축적하고 있기 때문이다.

백만장자가 되고자 할 때 현재 얼마나 갖고 있느냐는 그다지 중요하지 않다. 가장 중요한 것은 '지금껏 어떤 사람이 되기 위해 노력해왔느냐' 하는 것이다. 당신이 시간을 들여 곰곰이 생각해야 할 것은 바로 이 질문이다.

내가 원하는 것을 모두 얻기 위해 나는 어떤 사람이 되어야 하는가?

노트나 플래너를 꺼내 이것에 대한 생각을 적어보라. 당신이 갖춰야 할 지식과 개발해야 할 기술을 적어보라. 그 답을 보면 자기계발을 위한 새로운 목표가 생겨날 것이다.

다음의 원칙을 기억하라. 수입은 자기계발의 수고와 노고에 비례한다. 그러므로 우리는 모두 자기성찰의 시간을 통해 스스로를 담금질해야 한다.

나는 종종 내 마음속을 들여다보며 이렇게 묻는다.

"내가 원하는 것은 여기에 있다. 그렇다면 나는 그에 걸맞은 사람이 되고자 노력할 의지가 있는가?"

내가 너무 게으르거나 내가 되고자 하는 사람이 되기 위해 배우고 읽고 연구하고 성장하려는 의지가 없다면, 나는 내가 되고자 하는 사람이 되기를 기대할 수 없다. 이제 당신은 선택을 해야 한다. 당신 자신을 바꿀 것인지 아니면 당신이 원하는 것을 바꿀 것인지 결정해야 한다.

능력은 꿈에 맞춰 성장한다.

처음으로 목표 설정에 도전하는 사람은 종종 그 과정에 압도되기도 한다. 내가 조언하고 싶은 것은 '마음의 여유를 갖고 대처하라'는 것이다. 만약 자신이 원하는 것을 얻을 준비가 되어 있지 않다면 다음을 기억하라.

능력은 꿈에 맞춰 성장한다.

이것이 목표 설정의 마법이다. 목표에 집중할수록 새로운 기회가 눈앞에 나타나게 된다. 그리고 그 각각의 기회 속에는 과거에 풀리지 않을 것처럼 보이던 문제에 대한 해답의 씨앗이 들어 있다.

그러므로 시작을 두려워하지 마라. 이 여행은 당신이 상상하던 것보다 높은 곳으로 당신을 데려다줄 것이다. 나는 경험을 통해 그 사실을 알고 있다. 35년 전 내가 처음으로 쇼어프를 만났을 때, 나는 지금과는 완전히 다른 사람이었다. 물론 지금의 나는 더 이상 과거의 그 사람이 아니다. 나는 변했다. 당신도 그렇게 될 수 있다.

많은 사람이 과거의 실패와 고통 때문에 앞으로 나아가기를 두려워한다. 그들은 영혼에 무거운 짐, 그것도 내려놓지 않으면 영원히 그들을 짓누를 짐을 지고 있다.

과거에 대해 우리가 할 수 있는 것은 아무것도 없다. 과거는 지나갔고 묻혀 버려 어떠한 능력으로도 손을 쓸 수가 없다. 그러나 미래에 대해서는 아주 많은 것을 할 수 있다. 당신은 계속해서 어제의 당신으로 남아 있을 필요가 없다. 당신은 삶을 변화시킬 수 있다. 그것도 짧은 시간 안에 깜짝 놀랄 만한 변화를 이룰 수 있다. 당신 자신에게 조금이라도 기회를 준다면 당신은 지금 생각지도 못하던 변화를 이뤄낼 수 있을 것이다.

당신은 분명 성장할 수 있다. 단언하건대 당신 자신조차 알지 못했던 내면의 무궁무진한 잠재력과 재능을 이끌어낼 수 있다. 시간이 흐름에 따라 당신은 자신의 창조적 두뇌 속에 깊이 잠들어 있던 새로운 저장고를 이용하게 될 것이다. 그것을 이용하면 미처 깨닫지도 못하는 사이에 당신은 지금 성취가 불가능해 보이는 일을 성취할 수 있다. 자신이 결코 대처할 수 없으리라 생각했던 일에도 대처할 수 있다. 당신의 두뇌가 새롭고 독창적인 사고를 탄생시킬 것이기 때문이다.

목표는 왜 그렇게 강력한가? 목표는 어떻게 이 모든 일이 일어나도록 할 수 있는가? 그것은 나도 잘 모른다. 이 질문은 내가 '인생의 불가사의'라고 부르는 특별한 범주에 넣어야 할 것 같다. 내가 당신에게 말해줄 수 있는 것은 목표를 설정하는 것이 정말로 효과가 있다는 사실이다. 스스로 확인해보라. 자기 자신에게 될 수 있는 모든 것이 되고, 성취할 수 있는 모든 것을 성취할 기회를 줘보라.

'자신이 원하는 것을 얻기 위해 알아야 할 모든 것'을 가르쳐 주는 말이 하나 나오는데, 그것은 "구하라."이다. 구한다는 것은 무슨 의미일까? 그것은 '자신이 원하는 것을 요청한다'는 뜻이다. 그 완전한 공식은 더욱더 놀랍다.

"구하라. 그러면 얻게 될 것이다"

이것을 좀 더 자세히 살펴보도록 하자.

첫째, 구하는 것은 얻는 과정의 시작이다. 구하는 것은 지성 및 감성의 신비한 기계를 작동시키는 버튼을 누르는 것과 같다.

개중에는 늘 뿌리만 연구하느라 결코 시작하지 못하는 사람도 있다. 그런가 하면 그들이 뿌리를 연구하는 동안 열매를 따기로 선택하는 사람들도 있다. 이것은 각자가 어떤 결과를 얻기 위해 시작하느냐에 달려 있다. 당신도 구하기 시작하라.

둘째, 공식의 다른 부분인 '얻기'는 문제가 안 된다. 얻기 위해

수고할 필요는 없다. 그것은 자동적이기 때문이다. 얻는 것이 어렵지 않다면 무엇이 문제인가?

당신은 평생 열심히 성실하게 일하는 것 이상의 무언가를 해야 한다. 그렇지 않으면 결국 빈털터리가 되어 쩔쩔매는 상황에 처할 수 있기 때문이다. 당신은 좋은 직원 이상, 즉 '구하는 사람'이 되어야 한다.

당신에게는 목록이 있는가?

매일 아침 일찍부터 저녁 늦게까지 열심히 일하는 것은 내가 인생에서 얻고자 하는 것의 목록에 따른 것이어야 한다.

당신은 어떠한가?

셋째, '얻는 것'은 바다와 같아서 종류도 많고 그 범위도 측정하기 힘들 정도로 넓다. 성공은 무궁무진하게 공급된다. 성공은 한 사람씩 지급해서 당신 차례가 오면 이미 다 줘버리고 없는 그런 것이 아니다.

이것이 사실이라면 대체 무엇이 문제인가? 문제는 대부분의 사람들이 이 기회의 바다에 달랑 티스푼 하나만 들고 간다는 데 있다. 넓디넓은 바닷물을 티스푼으로 뜨는 그림이 그려지는가?

세상에, 티스푼이라니! 바다의 규모를 생각해서 당신의 티스푼을 좀 더 큰 것으로 바꾸라고 제안해도 되겠는가? 양동이는 어떨까? 물론 그것이 당신이 할 수 있는 최선은 아니겠지만 적어도 아이들의 놀림감이 되지는 않을 테니 말이다.

구하는 것에 대해 두 가지만 더 생각해보자.

첫째, 똑똑하게 구하라. 얼버무리지 마라. 얼버무려서는 아무것도 얻을 수 없다. 분명하게 구체적으로 말하라. 똑똑하게 구하는 것에는 언제, 어떤 규모, 어떤 모델, 어떤 색깔로 얼마나 높이, 얼마나 길게, 얼마의 가치로 대답하는가도 포함된다. 당신이 원하는 것을 묘사하고 정의하라. 잘 정의된 목표는 자석과 같다는 사실을 기억하라. 자석의 힘이 강할수록 끌어당기는 힘도 강해진다.

둘째, 믿음을 갖고 구하라. 아이처럼 믿어라. 아이들은 자신이 원하는 것을 꼭 얻을 수 있다고 믿는다.

아이에게는 놀라울 정도로 순수하고 강한 믿음과 신뢰가 있지만 성인이 되면 그것을 잃고 만다.

또한 아이들은 자신이 무엇이든 할 수 있다고 생각하고 모든 것에 대해 알고 싶어 한다. 아이들은 밤에 잠자리에 드는 걸 싫어하며 아침이 되면 당장 침대에서 뛰쳐나가고 싶어 안달한다. 아이들은 질문을 1,000개도 넘게 던질 수 있다. 대답해주기에 지친 어른들이 더 이상은 못 참겠다고 생각하는 순간에도 또다시 질문을 더 던질 수 있다. 얼마나 멋진 자세인가! 당신 자신과 자신의 목표를 믿어라.

그리고 아이처럼 맑고 강한 열정을 보여라.

아이 같은 열정보다 더 전염성 강한 것은 없다.

06.
목표 설정과 시간 관리

    오늘날 시간 관리는 상당히 인기 있는 주제 중 하나다. 덕분에 시간을 좀 더 생산적으로 사용하는 방법에 관한 정보에 굶주린 대중을 상대로 온갖 종류의 책, CD, 세미나가 제공되고 있다.
    당신은 어떠한가? 시간을 좀 더 잘 관리하는 사람이 되고 싶은가? 만약 이 질문에 대한 대답이 '예'라면 다음을 이해해야 한다.
    목표가 없으면 시간을 효과적으로 관리하는 것은 불가능하다.
    마음속에 목표가 확고하게 박혀 있지 않으면 시간 관리는 별다른 의미가 없다. 늘 우왕좌왕하한 생활 속에서도 그것의 불편함조차 깨닫지 못하는 경우가 더 많다. 하지만 갈 길이 정해진

사람은 시간을 관리하면서 목표를 향해 정확히 나아간다.

농부에게 봄철은 가장 활동적인 시기이다. 작물을 재배할 시간이 매우 제한적이기 때문에 이 시기에는 해가 뜨기도 전에 일어나 자정까지 쉴 새 없이 일해야 한다. 하지만 수확을 끝낸 뒤인 겨울엔 바쁘게 일하지 않아도 된다.

이러한 자연 리듬은 우리에게 좋은 교훈을 준다. 언제 온힘을 쏟고 언제 쉴지, 언제 활용하고 언제 내버려둘지를 결정해야 한다. 끝나지 않을 것 같은 업무와 책임의 연속 속에서 한 해가 그 다음해와 섞이지 않도록 하라. 가치 있고 본질적인 시각을 잃지 않도록 자신의 계절에서 눈을 떼지 마라.

우선순위를 정할 때는 무엇보다 인생의 '중요한 것'으로부터 '사소한 것'을 분리하는 법을 배워야 한다. 무언가 결정을 내려야 할 때마다 "이것은 중요한가 아니면 사소한가?"라는 질문을 스스로에게 던져보자.

목표를 늘 염두에 두고 이 질문을 하면 당신은 사소한 일에 중요한 시간을 사용하는 위험을 줄일 수 있다. 세일즈계에서는 흔히 중요한 시간을 잠재고객을 만나는 동안 쓰는 시간이라고 배운다. 잠재고객을 만나러 가는 과정에서 쓰는 시간은 그것이 아무리 필수적일지라도 사소한 시간이다. 그럼에도 세일즈맨 중에는 잠재고객과 함께하는 시간보다 만나러 가는 일에 더 많은 시간을 쓰는 사람이 매우 많다. 당연한 얘기지만 그들의 수입은 이를 반영한다.

중요한 것과 사소한 것의 개념이 적용되는 것은 또 있다. 그것은 바로 사소한 시간을 중요한 것에 쓰지 말라는 것이다. 사람들은 흔히 그 가치를 따져 우선순위를 정하지 않고 온통 뒤섞어서 행동한다. 어떤 부모는 텔레비전은 세 시간 동안이나 보면서 아이들과는 겨우 10분밖에 놀아주지 않는다. 어떤 관리자는 서류를 작성하는 데 대부분의 시간을 보내느라 부하직원을 격려하는 데는 거의 시간을 내지 못한다. 이러한 사람들은 중요한 것과 사소한 것을 구별하는 감각을 잃어버린 것이다.

돈에도 똑같은 개념이 적용된다. 중요한 곳에 쓰일 돈을 사소한 일에 쓰지 말고, 반대로 사소한 일에 쓸 돈을 중요한 일에 사용하지 마라. 어떤 사람은 몸을 위한 양식에는 돈을 많이 쓰는 반면, 정신을 위한 양식에는 거의 쓰지 않는다. 가령 동기부여 책이나 CD를 구입하는 것보다 식료품이나 자신을 치장하기 위한 물건을 구입하는 데 몇 배로 많은 돈을 쓰는 것은 어리석은 일이다. 그렇지 않은가?

시간과 돈은 그 안에 최대의 '가치'가 담겨 있어야 가장 잘 사용한 것이라고 할 수 있다. 이를 가리켜 '최대의 결과를 위한 세심한 투자'라고 한다.

프로 운동선수는 집중력이 얼마나 중요한지 잘 알고 있다. 경기 중에 잠깐이라도 집중력이 흐트러지면 간발의 차이로 지게 된다. 잠깐의 부주위로 승리와 우승상금을 모두 날려버린 운동선수처럼 당신에게도 똑같은 재앙이 일어 날 수 있다.

물론 딴생각을 해도 되는 시간도 있다. 휴식을 취할 때는 몸과 마음을 다 풀고 충분히 쉬는 게 마땅하다. 심신을 자유롭게 풀어 줄 때는 압박하는 모든 것을 내려놓고 인생의 압박에서 벗어나 해변을 걷거나 드라이브를 하라. 산들바람이 머리를 스치고 지나가는 것과 정신이 맑아지는 것을 느껴라. 공상에 잠겨라. 그것은 당신에게 매우 유익하다. 하지만 그것은 당신이 오로지 '공상하는 시간'으로 정해놓은 시간에만 해야 한다. 다른 모든 시간에는 집중하고 또 집중해야 한다.

PART *3*

관리
MANAGEMENT

두 번째 전략
시간을 다스려라

시간을 아낌없이 소비하라.

시간은 저축이 안 된다. 아끼려하지 말고 하루 24시간을 최대한 소비하라. 시간 관리의 미덕은 효율적인 소비에서 시작된다. 시간이 아깝다고 생각하면 가기 전에 다 써버려라.

01. 현명한 시간 관리자가 되는 법

몇 년 전 남아프리카에서 순회강연을 하던 중에 나는 우연히 아널드 버넷(Arnold Bunnet)이 '시간'이라는 주제로 쓴 짧은 수필을 발견했다. 그 내용이 무척 좋아 여기에 일부를 발췌했다.

시간은 모든 것의 불가해한 원재료다. 그것이 있으면 모든 것이 가능하다. 그것이 없으면 모든 것이 무의미하다. 매일매일 주어지는 시간은 진정 기적이며 그것은 진실로 깜짝 놀랄 만한 일이다.

아침에 일어나면, 보라! 당신의 지갑에는 마법처럼 누구도 손대지 않은 인생과 우주, 조직의 24시간이 채워져 있다. 그것은 당신의 것이다. 그 귀중한 재산은 누구도 당신에게서 빼앗아가지 못한다. 그것은 훔칠 수도 없다. 그리고 아무도 당신보다 더 많거나 적게 받지 못한다.

시간의 영역에는 부유한 귀족도, 지적인 귀족도 없다. 아무리 천재라도 하루에 단 한 시간도 더 받지 못한다. 처벌도 없다. 유한하고 소중한 그 필수품을 마음껏 낭비해도 공급은 결코 줄지 않는다.

그뿐 아니라 미래의 시간을 찾아 쓸 수도 없다. 빚을 지는 것은 불가능하다! 그저 지나가는 순간만 낭비할 수 있을 뿐이다. 내일을 낭비하진 못한다. 그것은 당신을 위해 보관되어 있다.

이것은 참으로 기적이다. 그렇지 않은가? 당신은 매일 24시간 안에서 살아간다. 그 안에서 당신은 건강, 즐거움, 돈, 만족, 존경 그리고 불멸을 위한 영혼의 진화를 얻어내려 한다.

시간의 올바른 사용, 효과적인 사용은 가장 긴급하면서도 가장 흥분되는 실질적인 문제와 관련된다. 모든 것이 그것에 달려 있다. 당신의 행복(당신이 간절히 매달리는 붙잡기 힘든 어떤 상태)도 마찬가지다.

만약 24시간의 수입이 모든 지출의 적정한 항목을 정확히 커버하도록 바로잡지 못하면 인생 전체를 무기한 뒤죽박죽으로 만드는 셈이다.

우리는 결코 시간을 더 가질 수 없다. 우리는 주어진 순간의 시간을 가질 뿐이며 그것을 늘 갖는다.

02.
시간 관리의 네 가지 태도

시간은 우리가 가진 것 중에서도 가장 귀중한 필수품이다. 따라서 그것을 어떻게 관리하느냐는 우리의 인생에 심오한 영향을 미친다. 지각하든 하지 않든 우리는 모두 시간에 대한 태도를 발전시켜 왔다. 이러한 태도는 한 사람이 자신에게 할당된 시간에 대한 접근법을 결정한다.

시간에 대한 접근법에는 네 가지의 개별적인 태도가 존재한다. 그리고 각각의 태도는 뚜렷한 차이를 보이는 라이프스타일을 만들어낸다.

표류자 정신

표류자는 시간이라는 주제를 완전히 무시한다. 그들은 라이프 스타일을 가급적 아무런 구속 없이 유지하고자 한다. 또한 그들은 가벼운 사막 바람에 흩어지는 풀처럼 삶에 수반되는 불확실성과 자신에게 주어지는 삶을 있는 그대로 즐기며 정처 없이 나아간다.

이들이 직장을 잡으면 오래 붙어 있지 못한다. 그들은 틀에 박힌 조직 생활과 시간을 제어하려는 규칙에 반발하기 때문이다. 표류자가 전형적으로 하는 말은 이것이다.

"난 평생 시간 관리를 할 수 없을 것 같아. 그게 뭐 어때서! 난 그냥 느긋하게 지내면서 준비가 되면 내가 갈 곳으로 갈래."

이러한 태도에 문제가 있다고 여겨지지 않는가? 하긴 내가 무슨 말을 하겠는가. 그것은 '그 사람'의 인생인데. 그러나 만약 당신이 이런 삶의 방식에 끌린다면 인생의 고속도로와 샛길을 표류하는 탓에 진정한 발전의 기회를 얻지 못할 것이다. 보다 나은 삶을 향한 여정에서는 결코 표류해서는 안 된다.

'하루 여덟 시간' 시간 관리자

표류자와 일중독자 사이의 어디쯤 위치하는 이 사람들은 전체의 대다수를 차지한다. 이 사람들은 중간 수준의 스트레스 속에서 최고로 능력을 발휘하는 것처럼 보인다. 그들은 한꺼번에 많은 과제를 처리할 수도 있다. 또한 그들은 저녁시간을 비워두는 걸 좋아한다. 인생을 즐기기 위해서 말이다.

가령 어떤 사람이 직장생활을 그만두고 자기 사업을 시작했다고 해보자. 자기 사업을 시작하면 시간이 흐르면서 책임이 점점 커진다. 또한 다른 누구보다 먼저 출근하고 경비원이 퇴근하고 나서도 한참 뒤에야 퇴근하게 된다. 그러면 어느 날 문득 이런 생각이 든다.

'차라리 다른 사람 밑에서 일하는 게 낫겠어. 영광이랑 두통은 그 사람들이 다 누리라지.'

그의 생각이 잘못되었는가? 그렇지 않다. 선택권이 오로지 쉬지 않고 일하는 것과 하루 여덟 시간 일하는 것, 둘뿐이라면 말이다(시간에 관한 네 번째 태도를 살펴보면 그에게 선택권이 또 있음을 알 수 있다). 자기 사업을 하면서 그는 일에 투자하는 시간이 자신이

편안하게 받아들일 수 있는 최대 시간 수준을 초과해버렸다. 결국 그는 성공을 위해 치러야 할 대가가 너무 크다는 생각에 도전을 포기해버린다.

모두가 성공을 위해 큰 대가를 치러야 하는 것은 아니다. 이는 독립된 사업체를 경영하는 사람뿐 아니라 내가 아는 많은 회사의 중역들에게도 해당된다. 다음의 이야기는 자신이 치러야 할 대가에 한계를 둘 필요가 있음을 잘 보여준다.

한 소녀가 엄마에게 물었다.

"아빠는 왜 나랑 놀아주지 않아요? 아빠는 퇴근하고 나면 곧바로 서재로 들어가 버리잖아요. 저녁식사를 하시자마자 곧바로 일어나서 일하러 가버려요. 난 아빠랑 놀고 싶어요. 아빠는 이제 나를 사랑하지 않는 건가요?"

이 말에 자신도 외로움과 고통의 눈물을 억제해온 엄마는 딸에게 상황을 설명해주려 애쓴다.

"얘야, 아빠는 무척 바쁘단다. 아빠는 너를 사랑하기 때문에 그렇게 열심히 일하는 거야. 아빠는 회사에서 다 해내지 못할 만큼 일이 많기 때문에 집에 가져와서 하는 거란다."

소녀는 엄마의 말을 곰곰이 생각해본다. 소녀는 눈을 반짝이며 묻는다.

"아빠가 회사에서 일을 다 해내지 못한다면 왜 좀 더 일이 적은 곳으로 가지 않아요?"

그렇다. 왜 그렇게 하지 못하는가. 재정적, 직업적 성공을 위해 치러야 할 대가에는 한계가 있다. 그리고 그 한계는 다른 중요한 가치들이 물질적 성공의 제단 위에서 희생될 때 온다.

나 역시 인생에서 열심히 쫓던 것이 있었다. 하지만 나중에 내가 너무 많은 대가를 지불했음을 알게 되었다. 시작하기 전에 그 대가를 얼마나 치러야 하는지 알았다면 절대 그렇게 행동하지는 않았을 것이다.

아서 밀러(Arthur Miller)의 작품 〈세일즈맨의 죽음〉(Death of a Salesman)에서 주인공 윌리 로만이 보여주는 성공의 진부한 개념은 더 오래, 더욱 열심히 일하는 것이다. 일중독자는 끊임없이 일에 매달린다. 그들은 하루에 10시간, 12시간, 14시간씩 일한다. 일중독자는 대개 직업이 여러 개다. 그들은 졸음을 물리치고 휴식을 부정하며 더 많은 일을 해냈을 때만 만족한다.

우리는 모두 이런 행동의 결과가 무엇인지 안다. 종종 주변 사람들의 감탄을 자아내기도 하지만, 일중독자는 결국 가족으로부터 소외되고 건강을 잃으며 존재 가치에 위기가 찾아온다.

아이러니하게도 일중독자가 반드시 가장 많은 돈을 버는 것은 아니다. 일중독자는 대개 결과 지향적이라기보다 업무 지향적이기 때문이다.

내가 지금까지 말한 세 가지 태도 중에서 하나를 선택해야 한다면, 가장 나은 것을 선택하는 데 상당히 애를 먹었을 것이다. 다행히 시간에 관한 태도에는 가장 이상적이라 여겨지는 태도가 하나 남아 있다.

현명한 시간 관리자

시간에 대한 네 번째 태도는 다른 세 가지로부터 빌려온 것이다. 현명한 시간 관리자는 인생의 모든 면에 시간을 배분한다. 심지어 계획에 아무것도 하지 않는 시간을 넣어 표류하듯 자유롭게 보낸다. 그는 '하루 여덟 시간' 시간 관리자처럼 일하는 시간을 제한하고 가족이나 그밖에 다른 중요한 가치를 위해 시간을 내는 법을 안다. 그리고 일 중독자처럼 긴 시간 동안 일하는 것을 결코 두려워하지 않는다. 꼭 필요하다면 말이다.

현명한 시간 관리자가 현명한 이유는 정해진 시간만 일해도 쉬지 않고 일하는 일중독자보다 더 많은 일을 해내도록 일정을 관리할 줄 알기 때문이다. 그것은 어떻게 가능할까? 더 오래 일하는 것이 아니라 더 똑똑하게 일하면 된다. 더 많은 시간을 투입하는 대신 시간당 생산성을 높이는 데 초점을 맞추는 것이다.

현명한 시간 관리자는 생산성을 배가하는 새로운 방법을 찾는다. 다시 말해 레버리지 효과를 이용해 부를 더 많이 창출한다. 레버리지 효과를 이용하면 자원을 몇 배로 늘릴 수 있다. 예를 들어 부동산을 구입하거나 사업을 위해 지혜롭게 돈을 빌림으로써 돈을 레버리지할 수 있다. 판매 인력을 늘리기 위해 사원을 모집하거나, 능력 있는 직원에게 자신의 일 중에서 덜 생산적인 것을 위임해 시간을 레버리지할 수도 있다.

03.
시간을 통제하라

　시간 관리를 이해하는 핵심은 당신이 시간을 통제하든지, 아니면 시간이 당신을 통제하게 내버려두든지 둘 중 하나라는 것이다. 이는 책임을 맡느냐 맡지 않느냐 하는 결심의 문제다. 통제권을 버리고 권력의 고삐를 넘겨주고 시간의 통제력을 잃는 것은 매우 쉽다.

　시간에 대한 통제권을 되찾는 가장 좋은 방법은 효과적인 시간 관리 언어를 배우는 것이다. 그것이 무엇인지 아는가? 바로 '싫다'라는 말이다. "싫다."고 말하는 법을 배워라.

　나는 여전히 이 말을 하는 게 어렵다. 모든 것에 '예'라고 말하는 것, '좋은' 사람이 되는 것은 쉽다. '예'라고 말한 다음에는 마음으로 결코 동의하지 않은 온갖 의무에서 빠져나오려고 오랜 시간 애써야 한다. 그것은 엄청난 시간 낭비 요소 중 하나다.

그래서 나는 친절하게 "싫다."라고 말하는 법을 배웠다. 어떻게 하느냐고? 간단하다.

"저는 못할 것 같습니다. 하지만 생각이 바뀌면 연락드리지요."

생각이 바뀌어 결국 할 수 있게 되었음을 알려주는 것이 더 낫지 않은가? 한번 해보라. 확실히 효과가 있다! 내 친구 론 레이놀스(Ron Reynolds)의 조언에 귀를 기울여라.

"입이 너무 많은 짐을 등에 지우게 하지 마라."

시간에 대해 통제권을 되찾는 또 다른 방법은 이것이다. 일할 때는 일하고 놀 때는 놀아라. 두 가지를 동시에 하면 전혀 효과가 없다. 그것은 결국 두 가지 방법으로 자신을 속이는 셈이다. 일과 놀이를 동시에 하면 위대한 성취로부터 오는 기쁨도, 순수한 놀이에서 얻는 완전한 해방감도 모두 놓치고 만다.

물론 나도 한때는 이렇게 말했다.

"저는 가족과 함께 바닷가에 가야 해요. 그렇게 하겠다고 약속했거든요. 제가 약속을 지키지 않으면 가족이 저를 어떻게 생각하겠어요."

그런 다음 가족과 함께 바닷가에 가는 내내 다음과 같이 생각한다.

'아, 회사에 가서 일을 해야 하는데. 어떻게 하면 이 여행을 짧게 끝내고 사무실로 돌아갈 수 있을까?'

그 당시 나는 노는 시간에 '일'을 생각함으로써 멋지게 보낼 수 있던 시간을 망치고 말았다. 그 정반대로 행동한 적도 있다. 일을 하면서 '오후 세 시에 나가서 오토바이를 타고 비포장도로를 달려야지'라고 생각했던 것이다. 그날 남은 시간 내내 내가 무슨 생각을 했을까? 맞다. 오토바이를 타고 비포장도로를 달리는 생각을 했다.

이제 나는 스페인, 아프리카, 호주 등으로 순회강연을 가면 일과 여가를 확실하게 구분해서 시간을 통제한다. 매일의 스케줄이 강연, 인터뷰, 세미나 등으로 채워져 있지만 일단 비즈니스 의무가 끝나면 놀고 여행하며 즐긴다. 이는 수많은 시행착오 끝에 얻어낸 값진 교훈 덕분이다.

내 친구 중에 건설업계에서 성공한 친구가 있는데, 그는 한 주일을 일하면 그 다음 한 주일은 쉬는 식으로 스케줄을 관리한다. 그는 그것을 가리켜 '일주일 일하고 일주일 쉬는 계획'이라고 부른다. 주말을 감안하면 그는 실제로 9일을 놀고 5일을 일하는 셈이다. 꽤 호사스럽지 않은가?

한 가지 덧붙이자면 그는 그 5일 동안 '완전히' 일에 몰두한다. 그가 폭풍처럼 해치우는 일들은 실로 놀라울 정도다. 그는 비서, 회계사, 건축기사 그리고 감독자와 잇따라 회의를 하면서 엄청난 양의 일을 재빨리 해치운다. 그는 5일 동안 잠시도 쉬지 않고 전력을 다한다. 그런 다음 모든 일을 멈추고 가족과 함께 놀러간다. 굉장하지 않은가!

자기 인식

창조적인 시간 관리의 위대한 법칙 중 하나는 '네 자신을 알라'이다. 우리의 생체 시계는 매일 생산성의 최고점과 최저점을 조절한다. 자신이 언제 활력이 가장 높은지 파악하라. 이른 아침에 생산성이 가장 높다면 그날의 가장 큰 과제를 그 시간에 해치워라. 예를 들어 사람들을 설득하는 것이 업무라면 아침식사 약속을 잡는 것이다. 반대로 점심시간까지는 정신이 혼미하다면 가장 까다로운 일을 오후나 저녁에 하는 것으로 일정을 잡아라.

그런 다음 자신의 습관을 분석하라. 가령 보고서 제출 날짜를 맞추지 못하거나 수입과 지출을 체계적으로 기록해 그 균형을 유지하기로 결심했지만 몇 년 동안 그것을 지키지 못했다면 그 사실을 받아들여라. 그리고 도와줄 사람을 찾아라. 당신은 쉽게 바뀔 것 같지 않으니 말이다.

책임을 위임하는 법을 배우면 약점이 꼭 해가 되지는 않는다. 이것 역시 창조적인 시간 관리의 일부다.

몇 년 전, 우리 직원들은 내가 배달에 서툴다는 결론을 내렸다. 내가 빈번하게 여행을 다니자 직원들은 종종 내가 가는 곳에 있는 사람들에게 문서를 전달해달라고 부탁했다. 나는 그때마다 흔쾌히 승낙하고 무의식중에 서류를 코트 주머니에 찔러 넣었다. 그러나 세탁소에서 배달하지 않은 그 서류에 대해 들은 것만 해도 수차례나 되었다.

한번은 어느 직원이 이렇게 말했다.

"이 서류는 뉴욕으로 가야 합니다. 이번에는 꼭 전달해주실 거죠?"

물론 나는 주저 없이 대답했다.

"그럼, 날 믿게. 이봐, 난 그렇게 허술하지 않다고."

아니나 다를까 여행에서 돌아왔을 때 내 가방에는 여전히 그 서류가 들어 있었다. 이 소문이 퍼지자 새로 들어온 직원들은 모두 선배로부터 그럴 듯한 교육을 받게 되었다.

"사장님께는 절대 배달을 맡기지 마십시오. 사장님은 다른 건 다 잘하시는데 배달은 못하십니다. 다른 사람에게 맡기도록 하십시오."

이것이 내 말의 요지다. 자신이 다 잘하는 것은 아님을 인정하라. 그것은 부끄러운 일이 아니다. 자신의 약점 때문에 목표를 달성하지 못하는 일이 없게 할 만큼 지혜롭다면 말이다. 시간 관리에서 '자신을 올바르게 아는 것'은 결정적인 요소로 작용한다.

전화

　전화가 처음부터 우리 곁에 당연하다는 듯 존재했던 것은 아니다. 물론 지금은 너무 흔해서 집집마다 설치된 것도 모자라 모두들 하나씩 들고 다니지만 말이다. 그러나 전화를 최대한 효율적으로 사용하는 방법을 분석하는 사람은 드물다. 사실 전화는 그 효율성이 매우 뛰어나지만 동시에 시간을 가장 많이 낭비하게 만드는 도구이기도 하다.

　전화가 당신에게 훌륭한 도구인 것처럼 그것은 다른 사람에게도 훌륭한 도구다. 당신이 수 초 만에 다른 사람에게 연결될 수 있듯이 다른 사람도 당신에게 순식간에 연결될 수 있다. 이러한 현실 속에서 매일의 계획이나 일과는 언제든 엉망이 될 수 있다.

　전화를 '당신'의 편의를 위한 존재로 삼아라. 전화를 사용하는 시간을 따로 정해두고 전화에 대해 통제권을 가져라. 비서를 두는 지위에 있다면 당신의 전화를 효과적으로 거를 수 있도록 비서를 훈련시켜라. 자동응답기를 이용해 '당신'의 편의에 따라 회신을 줄 수도 있다.

　또한 전화는 집에서조차 다른 사람이 당신의 시간을 좌우하게 할 수 있음을 기억하라. 주의하지 않으면 다른 사람이 당신의 가족과 여가시간까지 침해할 수 있다. 그런 일이 일어나지 않게 하라. 친구나 가족과 함께하는 시간에는 전화 연락을 피할 방법을 찾아라. 자동응답기를 이용하거나 전원을 꺼버릴 수도 있다. 계속해서 울려대는 전화가 가족이나 친구와 함께하는 시간을 방해하지 않게 하라.

걸려오는 전화를 제어하는 것과 더불어 거는 전화도 잘 관리해야 한다. 가장 좋은 방법은 나름대로 규칙을 정해두고 실천하는 것이다. 우리는 모두 비효율적인 통화에 많은 시간과 돈을 낭비한다. 혹시 다음과 같이 말한 적은 없는가?

"흠, 당신에게 말하려고 했던 게 또 있었는데 지금은 생각이 나지 않네요. 다음에 다시 연락하겠습니다."

누구나 이런 경험을 해보았을 것이다. 이는 시간을 낭비시킬 뿐 아니라 비전문적으로 보이게 만든다. 이런 문제를 해결하려면 전화를 걸기 전에 다루고자 하는 내용을 기록하는 것이 좋다. 그렇게 하면 모든 대화가 좀 더 효과적이고 간결해지며 전문적일 수 있다. 그리고 각각의 통화에 대한 기록도 남길 수 있다. 일단 기록을 남기면 통화 내용을 상기시켜야 할 때 유용하다.

예를 들어 "존, 우리가 지난번에 협의한 네 가지 문제는 어떻게 되고 있습니까?"라고 물으면 존이 "네 가지 문제라고요? 언제 그런 얘기를 했죠?"라고 말할 수도 있다. 이때 당신은 침착하게 존과 통화한 내용을 보여주면 된다.

시간 효율로 높은 조직 만들기

우리는 모두 오랫동안 지속해온 습관대로 이런저런 행동을 한다. 하지만 그중에는 효율의 관점에서 비경제적인 행동도 있다. 그러므로 시간을 들여 자신의 업무 절차를 꼼꼼히 분석해보라. 당신의 서류 정리법은 최신식인가? 장부 기록은 어떤가? 오늘날에는 전자도구를 활용해 생산성을 높이는 효율적인 방법이 많이 있다. 그리고 보다 많은 정보를 더욱 빨리 처리하는 기술은 계속 업그레이드되고 있다. 그러한 기술을 활용하라.

사무실에서 컴퓨터를 활용하면 놀라운 일을 해낼 수 있을뿐더러 시간도 많이 절약할 수 있다. 출장 중에도 노트북을 들고 다니며 사무실에서와 마찬가지로 일할 수 있다.

이러한 문명의 이기는 시간을 절약해주기도 하지만 낭비시키

기도 한다. 그러므로 주의가 필요하다. 우리가 편리하게 이용하는 인터넷은 온갖 정보의 보고(寶庫)지만, 동시에 쉽게 집중력을 흐트러뜨리고 정신을 산만하게 할 수도 있다. 이러한 도구를 어떻게 이용할지 주의 깊게 분석하라. 사업이 좀 더 복잡하다면 전문가에게 도움을 청하라. 다른 사람이 당신의 약점을 채워줄 수 있다면 모든 것을 잘할 필요는 없음을 기억하라.

올바른 질문하기

사람들을 관리할 때 시간을 절약하는 방법 중 하나는 질문을 하는 것이다. 구체적이고 올바르게 질문을 하라. 행동심리학에서는 모든 것이 다른 어떤 것의 결과라고 배운다. 그리고 문제가 생기면 그것은 보통 표면에 드러나지 않은 보다 깊은 문제의 단서인 경우가 많다. 이때 진상을 규명하는 최고의 방법은 성급히 결론에 도달하는 게 아니라 질문하는 것이다.

메리가 판매율이 저조할 경우 우리는 메리에게 판매에 대한 강의를 듣게 할 수도 있지만, 상사를 찾아가 "왜 메리가 판매율이 저조하죠?"라고 물을 수도 있다. 만약 상사가 "전화를 충분히 하지 않았어요."라고 대답하면, "왜 전화를 충분히 하지 않았죠?"라고 좀 더 깊이 파고들 수 있다. 이때 "업무를 일찍 시작하지 않았기 때문입니다."라는 대답이 돌아올 경우, 대개는 여기서 질문을 멈추고 메리가 좀 더 일찍 일을 시작하도록 동기를 부여하려고 한다.

이제 한 단계 더 나아가라. 한 번 더 질문을 하라. "왜 메리가 좀 더 일찍 업무를 시작하지 않나요?"라고 물으면 마침내 문제의 핵심에 도달하게 된다. 어쩌면 메리에게 개인적인 문제가 있을지도 모른다. 메리의 판매기술을 개선할 필요가 있을 수도 있다.

중요한 문제의 진짜 원인은 보통 여러 겹 밑에 묻혀 있다. 이때 질문을 올바르게 하면 문제의 근원에 보다 빨리 도달함으로써 막대한 시간을 절약할 수 있다.

성공한 사람들은 자신에게 잘 맞는 일을 한다.
잘 맞는 일을 열정적으로 하기 때문에 그 일에서 특별한 가치를 찾아낸다.

04.
생각이 아니라
기록부터 하라

　성공적인 시간 관리 요령 중 하나는 종이 위에서 사고하는 방법이다. 아이디어를 구체화한 다음 그것을 종이에 기록하고 실행하는 것이다. 이것은 집을 지을 때 먼저 설계도부터 작성하고 건물을 쌓아올리는 것과 마찬가지다.

　하루를 짜임새 있게 보내는 데도 종이 위의 사고가 필요하다. 아침에 일어나 "가만 있자, 오늘 내가 뭘 해야 하지?"라고 말하는 것은 너무 늦다. 가장 좋은 것은 다음날, 다음주, 다음달 계획을 미리 세워두고 시작하는 것이다.

　종이 위의 사고는 창조적인 과정이다. 이것은 단순히 '업무 목록'을 만드는 것보다 훨씬 더 깊은 의미가 있다. 실제로 여기에는 인생을 계획하는 데 사용하면 좋은 네 가지 근본적인 방법이 있다.

플래너

  종이 위의 사고를 체계화시키는 또 다른 방법은 플래너를 사용하는 것이다. 내가 말하는 플래너란 매일의 약속과 일정을 기록하는 도구를 말한다. 그뿐 아니라 사업 경비, 회의 결과, 전화 통화 내용 그리고 업무 목록까지 기록할 수 있어야 한다.
  이러한 플래너는 일일 또는 주간의 주요 사건을 모아 메모장이나 프로젝트 북에 기록하고자 할 때 사용할 수도 있다. 플래너를 그날, 그주, 그달, 심지어 그해의 모든 정보를 처리하는 핵심 도구로 삼아라.

메모장

  나는 강연이나 세미나를 할 때 메모장 사용을 권하는 데 많은 시간을 할애한다. 성공적인 삶을 원하는 진지한 청중에게 그것이 매우 귀중한 도구로 활용될 수 있음을 확신하기 때문이다.

메모장은 자신이 얻은 좋은 정보와 지혜를 한데 모으는 곳이다. 좋은 아이디어는 거의 모든 곳에서 생길 수 있다. 어느 강연에서 특별히 의미 있는 말을 들을 수도 있고 신문기사에서 자신이 활용할 만한 정보를 읽을 수도 있다. 운전하는 중에 훌륭한 아이디어가 떠오를 수도 있다.

좋은 아이디어가 빠져나가게 내버려두지 마라. 훌륭한 아이디어는 당신의 인생을 바꿀 수도 있다. 그것을 놓치지 않는다면 말이다. 어디를 가든 늘 메모장을 갖고 다녀라.

바쁘게 활동하며 야심을 불태우는 사람은 대개 진행하고 있는 프로젝트도 많고 사람들도 많이 만난다. 바쁜 사람들은 종종 자신이 마치 모든 접시를 계속 돌려야 하는 곡예사가 된 듯한 느낌에 빠지기도 한다. 그만큼 쉽지 않은 삶을 살아간다.

이들이 시간 통제권을 유지하는 최선의 방법은 프로젝트 북을 만드는 것이다. 고리가 있는 바인더에 탭(Tab, 식별표)이 있는 것으로 말이다. 만약 다른 사람들과 함께 일한다면 바인더의 개별 섹션에 따라 사람들을 분류하라. 그리고 각각의 탭 아래 그들에 관한 모든 정보를 기록하라. 각자의 성과와 가족, 목표, 강점, 욕구, 그밖에 연관된 것들을 써넣는 것이다. 관리자의 경우에는 개개인의 판매 기록이나 성과표 같은 정보를 필요로 한다. 이런 방법으로 분류를 해놓으면 성과를 평가해야 할 때 구체적이고 유용한 정보로 활용할 수 있다.

특정 비즈니스 혹은 직업에 따라 당신은 각 부서나 사업소 '탭'이 필요할 수도 있다. 아니면 프로젝트별로 항목을 범주화해야 할 수도 있다. 모두 당신이 하기 나름이다. 중요한 것은 모든 데이터를 한데 묶어놓는 바람에 수많은 잊힌 파일 속에서 정보를 찾느라 시간을 낭비하는 일이 없도록 해당 데이터에 초점을 맞춰야 한다는 점이다.

프로젝트 북은 사적인 부분에서도 효과가 있다. 예를 들어 자녀마다 '탭'을 넣고 기록할 수도 있다. 자녀에 대한 정보를 기록하는 것이 좀 냉정하게 들리는가? 그렇다면 다음의 질문에 대답해보라. 당신은 자녀의 가장 최근의 성적을 기억하는가? 만약 기억한다면 지난번과 비교해봤을 때 어떤가? 자녀가 참석해달라고 부탁했던 행사는 무엇이었는가? 그것을 적어놓았는가? 두 사람이 일대일로 나눈 대화의 내용을 기억하는가? 아이의 주된 관심사는 무엇이었는가?

자녀는 부모와의 대화 내용을 기억한다. 하지만 안타깝게도 부모는 종종 다른 데 정신이 팔려 주의를 기울이지 않는다. 각 자녀의 개별 섹션을 만들어 기록을 하면 이런 문제를 방지하는 것은 물론 꼭 필요한 내용을 항상 기억할 수 있다.

개인적인 재정 부분도 이러한 시스템을 활용하면 힐끗 보기만 해도 모든 투자와 보험증권 등의 정보를 볼 수 있어 효과적이다.

그렇다면 그럭저럭 대충 살아가려는 사람에게도 메모장이나 프로젝트 북이 필요할까? 그렇지 않다. 대충 사는 게 목표인 사람에게 이런 것은 전혀 중요치 않다. 그러나 부와 행복을 향해 길을 떠난 사람들에게 이러한 방법은 놀라울 정도로 발전을 가속화시켜 준다.

작전 계획

작전 계획은 인생이라는 경기에서 그 무엇보다 결과에 큰 영향을 줄 수 있다. '작전 계획'이라는 말은 실제로 시간을 들여 인생의 작전 계획을 세우는 사람이 드물다는 점에서 좀 아이러니하게 들릴 수도 있다. 사람들은 축구나 야구 경기에서 전략을 세우는 것은 당연시하면서도 인생에서 전략을 세우는 것은 충분히 이해하지 못한다.

인생의 작전 계획에서 최우선적으로 중요한 원칙은 이것이다. 하루를 계획하기 전까지는 하루를 시작하지 마라. 각각의 날은 부와 행복을 위한 평생의 전략에서 귀중한 모자이크 조각이므로 항상 시작하기 전에 하루를 계획하라. 매일 그렇게 하라. 물론 이러한 과정이 지루할 수도 있다. 그러나 가치는 소망이 아니라 노력의 풍성한 결과라는 사실을 기억하라.

매일 하루를 계획하는 기술을 터득하면 좀 더 높은 성공의 단계를 향해 나아갈 준비를 할 수 있다. 그 다음 핵심은 '한 주를 계획하기 전까지는 한 주를 시작하지 마라'는 것이다.

한 주를 시작하기 전에 한 주를 계획하라. 일요일 저녁에 자기 자신에게 "나는 이번 주에 무엇을 성취하고 싶은가?"라고 물어본다면 당신의 삶이 어떨지 상상해보라. 약간은 힘겨울 수도 있지만 하루하루를 한 주의 전체적인 '작전 계획'의 일부로 계획하는 법을 배우면 모든 부분이 훨씬 잘 들어맞을 것이다. 결과적으로 각각의 하루는 더욱 효율적으로 업그레이드된다.

일단 한 주를 계획하는 법을 터득하면 한 번에 한 달씩 인생을 계획할 수 있다. 따라서 그 다음 핵심은 '한 달을 계획하기 전까지는 한 달을 시작하지 마라'이다.

이러한 원칙을 따를 때 당신의 매주와 매일은 더 큰 계획의 일부가 된다. 그리고 그러한 계획을 짜다 보면 인생을 장기적인 시각으로 바라보는 것은 물론 보다 큰 관점을 얻게 된다. 더불어 자신의 일일, 주간, 월간 목표를 분기, 반기 및 연간 목표와 조화시키는 법을 배울 수 있다.

당신의 입장에서는 엄청난 훈련이 필요할지도 모른다. 그러나 이것을 달성하고 나면 당신은 시간의 대가로 거듭날 수 있다. 시간을 지배하기 위한 길은 고될 수도 있지만, 일단 해내면 당신은

분명 그 경관, 그 맛 그리고 당신과 같은 대가들과의 교제를 즐기게 될 것이다.

작전 계획을 준비하는 방법

작전 계획을 짜기 위해서는 먼저 두 가지를 이해해야 한다. 첫째, 작전 계획은 스프레드시트(spreadsheet, 작업표에 데이터를 입력한 후 사용자가 원하는 계산 처리, 검색 및 관리, 도표 작성 등을 손쉽게 하도록 개발한 응용 프로그램) 같은 역할을 하지만 작전 계획은 숫자를 기입하는 대신 행동을 기입한다. 둘째, 작전 계획 기술은 단일 프로젝트나 동시다발적인 프로젝트에 사용해도 된다.

그 방법은 다음과 같다.

우선 계획표에 그 계획을 실행할 날짜를 수직으로 적어 넣어라. 그런 다음 종이의 왼편에 '활동'이라는 제목을 적고 그 밑에 기간 내에 수행해야 할 행동을 모두 기입하라. 가령 당신이 신제품을 위한 캠페인을 런칭(신제품 출시에 맞춰 전개되는 프로모션)한다고 해보자. 그러면 필요한 각각의 활동(세일즈 컨퍼런스, 광고 지원, 패키지, 시장조사)에 따라 반드시 지켜야 할 최종 기한이 정해지고 그것을 스프레드시트에 표시한다. 그 다음으로 임무를 완수하는 데 필요한 날짜를 계산하고 그것을 작전 계획 시트에 기록한다. 이렇게 정리를 하면 최종 결과가 당신 앞에 한눈에 드러난다.

물론 작전 계획을 수립하는 것은 만만치가 않다. 완벽한 작전 계획을 수립하기까지 몇 번을 찢어야 할지도 모른다. 이 작업이 힘든 이유는 모든 프로젝트의 우선순위를 정하는 것이 어렵기 때문이다. 하지만 일단 작전 계획을 세우고 나면 엄청난 충족감을 맛볼 수 있다.

작전 계획을 눈에 잘 띄는 곳에 두어라. 사무실 벽이나 프로젝트 북에 붙여 놓아라. 그러면 업무에 대해 끊임없이 상기할 수 있을 것이다.

이러한 작전 계획은 흥미진진한 동시에 고통스럽다. 작전 계획이 고통스러운 이유는 계속해서 계획을 이행할 것을 상기시키기 때문이다. 특히 일정이 계획보다 뒤처졌을 경우에는 마음에 부담이 가중된다. 하지만 작전 계획은 꿈이 펼쳐내는 마법과 계획이 현실화하는 것을 지켜볼 수 있다는 점에서 매우 흥미진진하다. 당신이 느끼는 감정은 완성된 그림을 바라보는 위대한 예술가의 느낌과 다르지 않다. 그것은 마침내 해냈다는 환희와 희

열이다.

　시작과 끝, 목적과 내용, 색깔과 특징이 있고 감촉과 결이 잘 짜인 하루는 수많은 하루 중에서도 그 가치가 유난히 빛나며 소중한 기억과 보물이 된다. 그리고 잘 짜인 하루가 또 다른 날로 이어지면서 삶은 걸작, 즉 경험과 영혼의 자산으로 떠오르게 된다.

PART 4

변화
CHANGE

세 번째 전략
지금보다 더 나은 사람이 되라

좋은 것만 생각하자.

생각이 머무는 자리에 세심히 주의를 기울여야 한다.

나는 지금 긍정적으로 변화하고 있다. 내가 사랑하는 것,

두려워하는 것, 기대하고 있는 것은 무엇이든지 내 삶 속에서

실현된다는 것을 알고 있다. 오늘은 정말 놀라운 날이 될 것이다.

내가 그렇게 만들 테니까.

01. 자기계발의 가치

어느 날 쇼어프가 말했다.

"짐, 부자가 되고 행복해지고 싶으면 다음의 교훈을 잘 배우게. 그것은 '일보다 자기 자신을 더 열심히 연구하라'는 것일세."

그때 이후로 나는 자기계발에 힘써 왔다. 고백하건대 이것은 내게 다른 무엇보다 힘든 과제였다. 자기계발은 평생 지속해야 하는 일이기 때문이다. 당신이 어떤 사람이 되는가는 당신이 얼마나 갖는가보다 훨씬 더 중요하다. 직업과 관련해서 해야 할 중요한 질문은 "내가 얼마나 받을 것인가?"가 아니라 "내가 어떤 사람이 될 것인가?"이다.

'받는 것'과 '되는 것'을 동일한 언어로 인식해야 한다.

현재 당신이 갖고 있는 것은 대부분 현재의 당신에게 걸맞게 이끌려온 것이다.

지금보다 더 많은 것을 얻으려면 지금보다 더 나은 사람이 되어야 한다.

자신의 됨됨이를 바꾸지 않으면 늘 지금 있는 것만 갖게 될 것이다.

수입이 자기계발을 위해 투자한 모든 것을 초과하여 발생하는 경우는 매우 드물다. 때로 운 좋게 수입이 늘어나는 경우도 있지만 그에 따른 책임을 다하는 법을 배우지 않으면 대개 자신이 대처할 수 있는 양으로 줄어들게 마련이다. 어느 거부가 이렇게 말했다.

"세상의 돈을 모두 모아 모든 사람에게 똑같이 나눠주어도, 얼마 지나지 않아 그 전의 주머니에 다시 들어가 있을 것이다."

자기계발을 통해 얻지 않은 것을 유지하기란 매우 어려운 일이다.

젊은 시절에 내가 몹시 혼란스러워하던 몇 가지 개념이 있는데, 그중 하나가 다음과 같은 것이었다.

"똑같은 회사에서 똑같은 제품을 취급하고 똑같은 기간을 일하며 똑같은 배경을 가졌는데, 왜 어떤 사람은 한 달에 2,000달러를 받고 또 어떤 사람은 한 달에 4,000달러를 받는 것일까?"

이 얼마나 난해한 질문인가! 왜 어떤 사람은 다른 사람에 비해 경제적으로 두 배의 차이를 가지는 걸까?

나는 곰곰이 생각해보았다.

'시간의 문제일 거야. 어떤 사람은 시간이 많아서 훨씬 더 잘하는 거야. 그는 잘할 수밖에 없어. 시간이 많으니까. 나도 그만한 시간을 가질 수 있다면 잘할 수 있을 텐데.'

한번은 어떤 사람이 내게 말했다.

"제게 시간이 좀 더 있다면 더 많은 돈을 벌 수 있을 겁니다."

내 대답은 간단했다.

"그런 생각은 그만두는 게 낫겠군요. 그 이상의 시간은 어디에도 없습니다. 지금보다 더 많은 시간을 어디에서 찾을 수 있겠습니까?"

 시계가 열두 시를 알리면 그걸로 하루가 끝이다. 그날의 모든 게 끝나 버린다. 더 이상의 시간은 없다.

 시간을 더 많이 만들어낼 수 없는 상황에서 경제적 결과에 차이를 내려면 어떻게 해야 할까? 정답은 '가치'에 있다. 가치가 차이를 내는 것이다. 시간은 더 많이 만들어낼 수 없지만 당신은 더욱 가치 있는 사람으로 거듭날 수 있다.

 이러한 가치의 개념은 경제의 가장 중요한 교훈이다. 당신이 조립라인에서 일하든 제품 혹은 서비스를 팔든 당신은 그 가치에 따라 돈을 받는다. 물론 당신의 일은 시장에 가치를 가져다준다. 그리고 당신은 '시간'이 아니라 가치, 즉 생산성에 따라 돈을 받는다.

 "그렇다면 내가 두 배나 가치 있게 되고 한 시간에 두 배의 돈을 버는 것이 가능할까? 똑같은 시간에 세 배 혹은 네 배까지 가치 있게 되는 방법이 있을까?"

 물론이다. 당신이 다른 무엇보다 당신 자신을 연구한다면 말이다.

어떤 사람은 "난 경력이 10년이나 되는데 더 많이 벌지 못하는 이유를 모르겠어."라고 말한다. 그가 깨닫지 못하는 것은 자신이 10년의 경험을 쌓은 게 아니라는 사실이다. 그는 1년의 경험을 열 번 되풀이했을 뿐이다. 그는 조금도 발전하지 못했다. 9년 동안 단 한 차례의 혁신도 이루지 못한 것이다!

모든 사람이 더 많은 돈을 원한다. 하지만 대부분의 사람들이 그것을 잘못된 곳에서 찾는다. 개중에는 '나는 돈이 더 필요해. 사장을 찾아가서 협상을 해봐야겠어'라고 생각하는 사람도 있다. 하지만 나는 사장이 신이 나서 아무런 이유도 없이 누군가의 연봉을 세 배로 올려주는 것을 본 적이 없다. 어떤 사람은 "월급을 올려달라고 파업을 하면 되지."라고 말한다. 문제는 한 번 파업을 시작하면 연봉 계약을 할 때마다 거의 항상 파업을 해야 한다는 데 있다. 그저 겨우 먹고살 만큼만 도움이 되는 그런 방법은 잊어라.

물론 그만큼의 '부'만으로도 살아갈 수 있다. 그러나 그것은 당신에게 어울리지 않는다. 당신은 인생이라는 밥상에 떨어진 부스러기를 얻기 위해 이 책을 읽고 있는 게 아니다. 당신이 원하는 것은 잔칫상이 아닌가? 중요한 것은 요구함으로써 무언가를 얻는 것이 아닌 생산적인 성과로 무엇을 얻느냐 하는 것이다.

성공과 행복은 추구해야 할 가치가 아닌 계발해야 할 가치다.

사람들은 종종 내게 묻는다.

"평균 이상의 수입을 올리려면 어떻게 해야 합니까?"

방법은 평균 이상의 사람이 되는 것이다.

평균 이상의 악수법을 개발하라.

평균 이상의 사람이 되고 싶은가? 그렇다면 평균 이상의 미소를 개발하라.

다른 사람에게 평균 이상의 관심을 보여라.

승리를 위해 평균 이상의 강도로 노력하라.

평균 이상으로 실천하지 않으면서 평균 이상의 연봉과 평균 이상의 일자리를 찾는 것은 쓸데없는 짓이다.

02. 인생의 사계절

 조수는 밀려왔다 다시 빠져나간다. 유사 이래 6,000년 이상 늘 그랬고 실제로는 그보다 훨씬 이전부터 그러했을 것이다. 아침엔 날이 밝아오지만 저녁이 되면 다시 어두워진다. 이것 역시 6,000년 이상 그래왔다. 우리는 더 이상 이런 것에 놀라지 않는다.

 가을 다음의 계절은? 당연히 겨울이다. 그렇다면 가을 다음에 겨울은 얼마나 자주 오는가? 항상, 틀림없이 온다. 6,000년 이상 그래왔다.

 물론 어떤 겨울은 길고 어떤 겨울은 짧다. 또 어떤 겨울은 지독히 춥고 어떤 겨울은 비교적 포근하게 지나간다. 하지만 그 어떤 경우에도 겨울은 항상 가을 다음에 온다. 그것은 결코 변치 않는다.

유사 이래로 우리 삶은 언제나 기회와 역경이 혼합되어 있었다. 이해하기 쉬울 때도 있고 혼란스러울 때도 있다. 잘 지내는 때도 있고 재앙이 될 때도 있다. 순조롭게 흘러갈 때도 있고 곤경에 빠질 때도 있다. 이것은 변하지 않는다. 늘 그런 식이다.

하지만 내 인생은 바꿀 수 있다.

당신의 인생은 당신이 '바뀔 때' 바꿀 수 있다.

"상황이 더 좋아지는 유일한 방법은 '당신'이 더 발전하는 것이다!"

더 나아지기를 바라지 말고 먼저 당신 자신이 그렇게 돼라.

여기 두 가지 생각해봄 직한 말이 있다. 첫째는 인생과 사업은 사계절과 같다는 것이고, 둘째는 계절은 바꿀 수 없어도 자기 자신은 바꿀 수 있다는 것이다.

이제 두 구절을 토대로 인생의 사계절에 대해 살펴보고 어떻게 하면 그것에 가장 잘 대처할 수 있는지 알아보자.

봄 : 활용하는 시기

봄을 활용하는 법을 배워라. 겨울 바로 다음에 등장하는 봄은 얼마나 반가운 존재인가. 기회는 항상 고난 다음에 온다. 호경기는 불경기 다음에 온다. 그리고 전진은 후퇴 다음에 온다.

봄은 활용하는 시기다. 다음의 단어를 메모하라.

활용하라.

화창한 날씨에 마음을 빼앗기지 마라. 가을에 어려움을 겪고 싶지 않다면 지금 씨앗을 뿌려야 한다. 사실 우리는 누구나 두 가지 중 한 가지에서 뛰어나야 한다. 봄에 씨앗을 잘 뿌리든가 아니면 가을에 잘 구걸하는 법을 배우든가.

봄에 바쁘게 움직여라. 봄은 눈 깜짝할 사이에 지나간다. 우리에게 주어진 봄은 한 줌밖에 안 된다. 비틀스는 "인생이 짧다."라고 노래했는데 그들 중에서도 뉴욕 거리에서 숨을 거둔 존 레넌의 인생은 특별히 더 짧았다.

여름 : 돌보는 시기

　여름 내내 작물에 영양분을 주고 보호하는 법을 배워라. 씨앗을 뿌리자마자 벌레와 잡초가 작물을 파괴하려 달려들 것이 뻔하다. 당신이 그것을 막지 않으면 작물은 제대로 성장할 수 없다. 벌레나 잡초가 성공하는 꼴을 그대로 보고 있을 참인가.

　성공을 위해서는 자신이 만들어낸 것을 보호하는 법을 배워야 한다. 그것이 여름이 주는 가장 위대한 교훈이다. 여름철 동안 우리는 다음의 두 가지 진실을 배우게 될 것이다.

　첫째, 모든 좋은 것은 공격받게 마련이다. 내게 그 이유를 묻지 마라. 그 이유는 나도 모른다. 그러나 그것이 분명한 사실이라는 것은 알고 있다. 모든 정원은 습격을 당한다. 괜히 순진한 척하지 마라. 세상사가 다 그렇지 않은가.

　둘째, 모든 가치는 보호를 받아야 한다. 모든 가치, 즉 사회적, 정치적, 상업적 그리고 결혼의 가치는 보호를 받아야 한다. 여름 내내 당신의 정원을 꼼꼼하게 돌보아라. 자신이 믿는 것을 공격자로부터 방어하고 보호하지 않으면 가을에 아무것도 거두지 못할 것이다.

가을 : 책임지는 시기

 가을은 봄과 여름의 결과를 거둬들이는 계절이다. 우리가 돌본 작물이 풍부하든 빈약하든 우리는 그 작물을 완전하게 책임져야 한다. 그것이 바로 성숙한 자세다.

 완전한 책임을 받아들이는 것은 성숙의 가장 높은 단계이자 가장 어려운 자세 중 하나다. 그것은 유아기로부터 성인기로 나아가는 과정이다.

 책임을 떠넘기거나 불평하지 않고 가을을 환영하는 법을 배워라. 결과가 초라하든 빈약하든 책임을 떠넘기거나 불평하는 일 없이 가을을 맞이하라. 쉽지는 않겠지만 그것이 성숙해지기 위해 할 일이다.

 젊은 시절에 나는 그렇게 하지 못했다. 나는 내가 잘하지 못하는 이유를 적어 갖고 다녔다. 내가 '잘하지 못하는 이유'라고 부르는 목록에는 수많은 핑계가 기록되어 있었다.

 나는 정부를 탓했다.

 나는 세금을 탓했다.

 나는 가격을 탓했다.

나는 날씨를 탓했다.

나는 교통을 탓했다.

나는 내 차와 자동차 제조회사를 탓했다.

나는 부정적인 친척들을 탓했다. "그 사람들은 나를 헐뜯기만 해."

나는 냉소적인 이웃을 탓했다.

나는 지역 사회를 탓했다.

'이봐, 내게는 잘할 수 없는 이유가 정말 많다고!'

적어도 나는 그렇다고 생각했다.

쇼어프는 매우 친절했지만 가끔은 아주 객관적이고 솔직했다. 하루는 나를 바라보더니 의아해하는 표정으로 물었다.

"짐, 궁금해서 물어보는 건데 자네는 지금까지 왜 자네가 잘하지 못했다고 생각하나?"

의기소침해진 나는 내 목록에 적힌 핑계거리를 몽땅 쏟아놓기로 했다. 어디서 그런 뻔뻔스런 용기가 생겼는지 모르지만 나는 그렇게 했다.

나는 장황한 목록을 전부 읊었다. 정부, 세금, 가격 등 하나도 빼놓지 않고 말이다. 그는 내 목록이 끝날 때까지 참을성 있게 들어주었다. 내가 설명을 끝내자 그는 고개를 흔들며 말했다.

"자네 목록에 추가할 항목이 하나 빠져있군 그건 바로 짐 '자네'라네.

겨울 : 강하게 성장하는 시기

먼저 겨울에 대처하는 법을 배워라. 겨울에도 온갖 종류가 있다. 돈에 굶주린 늑대들이 문 앞에 달려드는 경제적 겨울도 있고 건강에 이상이 생기는 신체적 겨울도 있으며, 마음이 갈기갈기 찢어지는 심리적 겨울도 있다. 따라서 가장 큰 문제는 겨울에 어떻게 대처하느냐 하는 것이다.

성숙한 사람들은 겨울을 자기계발에 사용한다.

내가 세일즈에서 슬럼프에 빠졌을 때 어느 날 쇼어프가 말했다.

"이것이 좀 더 쉬웠으면, 자네가 보다 나은 사람이었으면 좋았을 거라고 바라지 말게. 문제가 더 적었으면, 기술이 더 뛰어났으면 좋았을 거라고 바라지도 말게. 역경이 적었으면, 지금보다 조금만 더 돈이 있었으면, 지혜가 좀 더 많았으면 좋았을 거라고 바라지도 말게 다만 겨울은 봄(항상 겨울 다음에 오는)을 맞이할 준비를 하는 데 사용되는 시간임을 잊지 말게나.'

인생에도 사계절은 존재한다.

03.
스스로 설정해 놓은 한계

누구에게나 자신이 씨름해야 하는, 스스로 설정한 한계가 세 가지 있다.

첫 번째 한계는 '미루는 것'이다. 일단 미루기 시작하면 쌓이고 또 쌓이기 때문에 특히 위험하다. 사소한 일을 몇 번 미루는 것은 그리 대단치 않아 보인다. 오늘 몇 가지 일을 소홀히 해도 그렇게 나쁜 것처럼 보이지도 않는다. 하지만 그런 날이 쌓이면 재앙에 가까운 날을 맞게 된다.

두 번째 한계는 '남을 탓하는 것'이다. 우리는 때때로 무언가에 대해 누군가를 탓한다.

하지만 '무엇 때문' 대신 '나'라는 말을 넣기 시작하면 당장 수입이 큰 폭으로 증가하는 경험을 하게 된다.

세 번째 한계는 '변명하는 것'이다. 변명은 남을 탓하는 것과 밀접한 관계가 있다. 세상에 변명거리가 얼마나 많은지 아는가? 그렇다, 수만 가지다! 그리고 사람들은 살아가는 동안 수만 가지를 더 만들어낸다. 진실, 즉 '자기' 책임이라는 사실을 피하기 위해 사람들은 엄청난 거리를 돌아서 간다. 내 생각에 그들은 큰돈을 버는 것보다 수만 가지의 변명거리를 만들어내는 일에 더 열심인 것 같다. 두 가지를 다 할 수는 없기 때문이다.

당신은 다음의 근본적인 질문에 대답할 수 있어야 한다.

"오늘부터 당신 자신을 향상시키기 위해 무엇을 하겠는가?"

이것은 결국 다음의 문제로 귀결된다. 당신이 스스로 설정한 한계를 제거하지 않으면 앞으로의 5년은 당신이 5년 더 나이 들었다는 것을 제외하고 지난 5년과 비슷할 것이다. 반대로 스스로를 책임지고 자신이 설정한 한계를 제거하면 보다 나은 5년을 맞이할 것이다. 어떤가? 보다 나은 5년을 맞이하는 것이 더 기쁘지 않겠는가?

개중에는 자신의 능력을 별로 신뢰하지 않는 사람들도 많다. 그들은 이렇게 자문한다.

'내가 대체 무얼 할 수 있을까? 멋진 인생을 위해 내가 할 수 있는 것은 무엇일까?'

결론부터 말하자면 당신은 인생에 어떤 겨울이 닥칠지라도 당신의 잠재력을 최대한 발휘해 뛰어난 일을 해낼 수 있다. 사람들은 절실히 필요로 할 경우, 믿기 어려울 정도의 높이까지 도약할 수 있다. 어떤 여성은 자식을 구하기 위해 2톤 차량을 뛰어넘기도 했다. 또 어떤 사람은 가족을 만나겠다는 꿈을 부여잡고 강제수용소에서 기아와 질병을 이겨냈다. 이민을 선택한 사람들은 비록 어렵고 힘들게 시작하지만, 열심히 아끼고 저축해 몇 년 지나지 않아 본토인을 직원으로 둔 번창하는 사업체를 소유한다. 정말 놀랍지 않은가!

인간은 본래 위대한 존재이기 때문에 위대한 일을 할 수 있다. 당신과 나는 아메바, 물고기, 새, 또는 개가 아니다. 우리는 보잘

것없는 것을 특별한 것으로 바꿀 수 있으며 푼돈을 거금으로, 재난을 성공으로 바꿀 수 있다. 당신이 위대한 존재라는 사실을 받아들여라. 당신의 특별함을 계발해 무럭무럭 성장하라! 내면으로 들어가 당신의 놀라운 재능을 좀 더 끄집어내라. 그러한 재능은 내면의 깊은 곳에서 당신이 발견해주기를, 당신이 사용해주기를 기다리고 있다.

재능을 모두 끄집어내면 바뀌어야 하는 모든 것을 바꿀 수 있다.

지금의 어떤 상황이 맘에 들지 않는다면 그것을 바꿔라.

무언가가 충분하지 않다면 그것을 바꿔라.

무언가가 당신에게 어울리지 않다면 그것을 바꿔라.

무언가가 별로 즐겁지 않다면 그것을 바꿔라.

기억하라. 스스로를 더 낫게 바꾸면 모든 것을 더 낫게 바꿀 수 있다. 당신은 완전히 본능적인 행동에 의존하는 단순한 식물도, 동물도 아니다. 당신은 가장 위대한 존재인 인간이다.

어떤 사람들은 이렇게 말한다.

"가장 중요한 것은 열정이다."

여전히 상투적인 표현을 사용하는 경우도 많다. 전형적인 세일즈 미팅에서는 아직도 딱딱 끊어지는 어조로 한목소리를 낸다.

"열! 정! 을! 발! 휘! 하! 라!"

미안하지만 열정 그 자체는 아무런 도움이 되지 않는다. 아무리 뛰고 구르고 소리를 질러도 달라지는 것은 없다. 몇 가지해야 할 일을 하지 않는 한 말이다. 그것을 하지 않으면 변하는 것은 아무것도 없다. 제대로 배우기 위해 체육관에 가기 전까지 20파운드의 바벨을 드는 것은 특별히 애쓰지 않아도 할 수 있다. 하지만 200파운드를 들어 올리려면 훈련을 계속하게 해줄 새롭고 장기적인 열정이 필요하다. 우리는 이러한 종류의 열정을 '훈련'이라고 한다.

사실 훈련만이 그 역할을 할 수 있다. 훈련은 진정한 진보를 낳는 유일한 도구다. 훈련은 우리의 내면으로부터 열정을 끄집어낸다. 성장에 필요한 것을 할 수 있는 자신의 능력에 기뻐하라. 그것이 바로 진정한 열정이다. 그것은 단순히 희망에 찬 열광이 아니다.

04.
변화가 필요한 세 가지 영역

　사람들은 오래되고 이미 몸에 배인 습관을 바꾸는 데 선천적인 어려움이 있다는 것을 이해하지 못한다. 물론 우리가 인식을 바꾸면 습관도 바뀌기 시작한다.

　대부분의 사람들은 거대한 변화를 겪는 일이 드물다. 우리에게 변화는 극히 미세한 변화의 진화 과정으로 다가온다. 우리는 자신을 올바른 방향으로 계속 밀면서 보다 나은 습관을 한두 개 형성한다. 그런 다음에야 비로소 자기 인생에서 주요 영역의 방향이 바뀌었음을 깨닫는다.

　자기계발을 추구할 때 고려해야 할 영역에는 세 가지가 있다.

그것은 자신을 영적, 신체적 그리고 정신적으로 계발하는 것이다.

정신적 자기계발

정신적 자기계발은 대개 이른 시기에 멈추고 만다. 특히 좋은 직업을 갖게 되면 많은 사람이 정신적 자기계발을 서슴없이 팽개치고 만다. 혹시 '가속 학습곡선'(accelerated learning curve)이라는 말을 들어보았는가? 태어난 순간부터 열여덟 살이 될 때까지 우리의 학습곡선은 그야말로 극적이다. 우리는 깜짝 놀랄 만큼 많은 양을 빠른 시간 내에 배우지만, 나이가 들면서 자신에게 적합한 곳 혹은 지위를 찾으면 학습곡선은 정체기에 접어든다.

과거에는 성장이 없는 정신 상태도 수용될 수 있었다. 그러나 우리의 세상은 지속적인 성장과 학습을 요구하고 있다. 기술이 변화의 속도를 계속 가속화시키면서 이제는 누구도 현재의 직장이 앞으로 40년간 똑같이 남아 있으리라고 기대할 수 없게 되었다. 할아버지와 아버지 그리고 내가 대를 이어 일하는 정신은 빠른 속도로 사라지고 있다. 이러한 변화는 성장과 적응의 필요성을 받아들이길 꺼려하는 사람의 희망을 앗아가고 있다.

어차피 변화가 이 시대의 화두라면 변화를 긍정적으로 바라보자. 생애 내내 가속 학습곡선을 유지할 때 당신이 어떻게 변화될지 상상해보라. 자신이 개발할 기술과 얻게 될 분별력을 생각해보라!

신체적 자기계발

우리는 성공하려는 갈망에 걸맞은 방식으로 옷을 입어야 한다.

솔직히 말해 다른 사람에게 어떻게 보이는가는 자신의 능력을 홍보해야 하는 우리에게 분명 영향을 미친다. 신체적 자기계발의 또 다른 측면은 건강한 몸을 유지하는 것과 관련이 있다. 마음이 강한 지구력을 발휘하려면 몸이 최대한 건강해야 한다. 당신에게는 정기적으로 실천하는 운동 프로그램이 있는가? 만약 없다면 실행할 수 있는 프로그램을 찾아 당장 시작하라. 더불어 당신이 섭취하는 음식과 건강보조식품에도 주의를 기울여라.

영적 자기계발

고백하건대 이 영역에서는 나 자신을 아마추어라고 여긴다. 당신의 신앙이 무엇이든 이 중대한 영역에서 어떤 성장과 변화를 이루고 싶은지 고민해보기 바란다. 영적, 윤리적 가치는 부와 행복의 탐색 기저에 강력한 토대를 구축하는 데 도움을 줄 것이다.

그대 자신의 진정한 자아를 탐구하라.

다른 누구에게도 의지하지 말고 오직 홀로 스스로의 힘으로 하라

이 길은 당신만의 길이며 그대 혼자 가야할 고유한 길임을 기억하라

비록 다른 사람들과 함께 걸을 수는 있으나

어느 누구도 그 길을 대신 가 줄 수 없음을 기억하라

05.
스스로에게 동기부여 하기

개인적으로 성장 습관을 들이려면 끊임없는 노력이 필요하다. 그러한 노력은 곧 훈련을 의미하므로 이번에는 훈련에 대해 살펴보자.

작은 훈련들로부터 시작해 그것을 한데 묶기 시작하라. 작은 훈련을 많이 해내면 당신은 서서히 큰 훈련에도 숙달하게 될 것이다. 나는 작은 도전, 즉 지금 당장 할 수 있는 것으로부터 시작하길 강력히 권한다. 그런 다음 계속해서 작은 도전과 맞붙어야 한다. 그러면 얼마 후에는 커다란 도전이 닥쳐와도 완벽한 자신감으로 그에 대처할 수 있다.

살을 빼고 싶은가? 빵에 버터를 바르지 않고 먹는 것부터 시작해보라.

유럽에 가고 싶은가? 매주 20달러씩 모으는 것부터 시작해보라.

시간을 지키는 사람이 되고 싶은가? 30분 일찍 일어나는 것부터 시작해보라.

백만 달러의 매출을 올리고 싶은가? 50달러의 매출을 올리는 것부터 시작해보라.

로버트 슐러의 말처럼 조금씩 차근차근 하면 쉽다. 그러나 그 작은 걸음조차 내딛지 않으면 당신 자신은 물론 그 누구도 당신이 큰 것을 해낼 수 있으리라고 믿지 않을 것이다. 어떤 사람이 거만하게 거들먹거리며 회사의 수익 상황을 해결하겠다고 큰소리를 쳤다고 해보자. 그런데 그가 자신의 개인적인 경비조차 해결하지 못했다면? 이 얼마나 우스운 꼴인가!

모든 것은 다른 모든 것에 영향을 미친다. 모든 훈련 혹은 훈련하지 않는 것 역시 다른 모든 훈련에 영향을 미친다. 이것을 잘못 이해한 사람은 이렇게 말한다.

"이것만 제대로 되면 모든 것이 완벽할 텐데!"

그것은 말도 안 된다. 낮은 기준 하나는 다른 모든 성과에 불리한 영향을 미친다. 왜 그럴까? 자신의 능력보다 덜 행동하면 자존감이 부족해지기 때문이다. 자존감 부족은 성공의 가장 큰 걸림돌이다.

오랜 노력 끝에 나는 다른 사람을 변화시킬 수 없다는 사실을 깨달았다. 내가 얼마나 많이 노력했는지는 아무도 모를 것이다. 좋은 사람은 발견하는 것이지 좋은 사람으로 바꿀 수 있는 것이 아니다. 물론 '그들'이 스스로를 바꿀 수는 있다. 하지만 당신과 나는 사람을 바꾸지 못한다. 사람들이 "어떻게 하면 좋은 사람들을 모집할 수 있습니까?"라고 물으면 나는 간단하게 대답한다.

"좋은 사람들을 찾아야 합니다."

그것이 내가 해줄 수 있는 최고의 답변이다.

사람들을 성공적으로 관리하는 첫 번째 원칙은 이것이다. 오리를 독수리 학교에 보내지 마라. 왜 그럴까? 그렇게 해서 얻을 수 있는 것은 기분 상한 오리밖에 없기 때문이다. 오리는 독수리처럼 날아오르지 못하고 그저 꽥꽥댈 뿐이다. 그런 다음 당신의 얼굴에 대고 불평을 해댈 것이기 때문이다.

최근 어느 호텔 체인의 전면광고가 내 시선을 잡아끌었다. 헤드라인이 무척이나 인상 깊었기 때문이다.

"우리는 직원들에게 친절하게 행동하라고 가르치지 않습니다."

"우리는 그저 친절한 사람들을 고용할 뿐입니다."

와, 그들은 그야말로 영리한 지름길을 택한 것이다!

동기부여는 미스터리다. 왜 어떤 세일즈맨은 아침 일곱 시에 첫 번째 잠재고객을 만나고, 또 어떤 세일즈맨은 아침 열한 시에 잠자리에서 일어나는가? 나도 모른다. 그것은 인생의 미스터리에 해당한다.

내가 1,000명을 대상으로 강연을 하면 그들 중에는 내게 다가와 "제 인생을 바꾸고 싶습니다."라고 말하는 사람이 있는가 하면, 하품을 하며 강연장을 나가면서 "에이, 전에 다 들었던 거잖아."라고 투덜거리는 사람도 있다. 왜 그럴까? 똑같은 강연장에서 똑같은 강연을 들었는데 사람들이 받아들이는 방식은 왜 천차만별일까? 이 또한 미스터리다.

어느 백만장자가 1,000명에게 "저는 이 책을 읽고 부의 길로

들어섰습니다."라고 말하면 얼마나 많은 사람이 그 책을 구입할 것 같은가? 맞다. 극히 적다. 놀랍지 않은가? 왜 '모두'가 그 책을 구입하지 않는 걸까? 이것 또한 인생의 미스터리다.

당신은 어떠한가?

이제 당신은 다른 사람보다 유리한 입장에 서 있다. 당신이 이 책을 읽고 있다는 것은 당신에게 성장하고 변화하려는 내적 동기가 부여되어 있다는 방증이다. 그것을 토대로 잘 쌓아나가 당신이 될 수 있는 모든 것이 되길 바란다.

나는 당신이 그렇게 할 수 있다는 것을 알고 있다!

PART 5

지식
KNOWLEDGE

네 번째 전략
필요한 정보를 충분히 수집하라

새로운 도전을 맞이하기에 너무 늦은 나이란 없다.

모든 미래는 지금 여기의 내 모습에서 출발한다.

내가 원하는 대로 삶을 바꿔 줄 수 있는 사람은 나 자신뿐이다.

01. 성공을 위한 지식 쌓기

원하는 인생을 사는 근본적인 전략 중 하나는 목표 달성에 필요한 정보가 무엇인지 아는 것이다. 일단 자신이 '무엇을' 알아야 하는지 깨달으면 그 지식을 '어떻게' 모을 것인지 파악하는 데 도움이 된다.

젊은 시절에 쇼어프가 내게 해준 것 중 최고는 내 안에 공부의 가치를 심어주었다는 것이다. 그가 내게 해준 말은 지금도 생생하게 기억이 난다.

"성공하고 싶으면 성공을 연구하게. 행복해지고 싶으면 행복을 연구하게. 돈을 벌고 싶으면 부를 쌓는 방법을 연구하게. 그러한 것을 성취한 사람들은 결코 우연히 그렇게 된 것이 아닐세. 먼저 연구를 하고 실행은 그 다음에 했지."

부를 쌓는 방법을 연구하는 사람은 과연 얼마나 될까? 이미 알고 있겠지만 극소수에 불과하다. 세상에는 부와 행복을 찾는 사람들이 수없이 많지만 부와 행복을 주의 깊게 연구하는 사람은 매우 적다.

인생을 바꿀 만큼 굉장한 아이디어가 필요한가? 그런 것은 무(無)에서 생기는 일이 거의 없다. 필요한 지식을 부지런히 찾으면 종종 기대하지 않던 순간에 획기적인 아이디어가 불쑥 떠오르기도 한다.

찾아라. 당신이 원하는 부와 행복을 발견하려면 먼저 그 방법을 연구하고 찾아야 한다.

첫째, 개인 서재에서 지식을 붙잡아라. 책장의 모서리가 접히고 이곳저곳에 표시가 되어 있는 책을 만들어라. 공부하기 위해 골라서 밑줄을 그은 책, 여백에 메모를 해놓은 책, 당신 인생의 가치에 대한 철학을 형성하는 데 밑거름이 된 책들 말이다. 그런 것이야말로 진정 붙잡을 만한 가치가 있는 보물이다! 책은 배경에 어울리도록 배치하기 위해 존재하는 것이 아니며 폼을 잡거나 인테리어를 위해 세워두는 것이 아니다.

둘째, 지금까지 살아오면서 얻은 모든 지식을 붙잡아라. 부와 행복을 진지하게 연구하고 싶은가? 만약 그것을 연구하고 싶다면 떠오르는 아이디어를 모으는 도구로 일기나 일지를 활용하라고 권하고 싶다. 그러면 비즈니스 아이디어, 사회적 혹은 문화적 아이디어, 투자 아이디어, 라이프스타일 아이디어 등의 보물이 서서히 떠오를 것이다. 그 속에 들어 있는 가치가 상상이 되는가? 그러한 보물은 틀림없이 당신의 오래된 시계보다 더 값진 가보일 것이다!

인생을 가치 있게 만드는 순간들은 재빨리 지나가버리거나 놓쳐버리는 경우가 많다..
'특별한 순간'을 붙잡아두자! 카메라를 사용해서 사진을 많이 찍어 보자. 1초도 안 되는 시간의 파편을 붙잡는 능력은 20세기의 경이다. 그런데 우리는 그 경이를 얼마나 쉽고 간단한 일로 치부하는가!

안타깝게도 지금까지 남아 있는 몇 세대 전의 사진은 그리 많지 않다. 만약 몇 백 년 전의 삶이 어떠했는지 모두 보여줄 수 있을 만큼 사진이 많이 남아 있다면 굉장하지 않겠는가? 그런 것이 남아 있다면 정말로 흥미로울 것이다. 아쉬움은 접어두고 수십 년 후를 생각해 '당신의' 이야기를 사진과 비디오테이프에 담아두어라. 미래 세대의 즐거움을 위해서 말이다.

02.
다른 사람의 경험에서 빌려오라

지혜를 얻는 방법에는 두 가지가 있다. 하나는 자신의 삶에서 배우는 것이고 다른 하나는 다른 사람의 삶을 연구하는 것이다. 간접 경험, 즉 다른 사람의 경험을 통해 성공뿐 아니라 실패도 얻을 수 있다.

다른 사람으로부터 배우는 세 가지 영역을 하나씩 살펴보도록 하자.

① 책과 오디오 CD

오늘날의 "모든 리더는 독서가다."(All leaders are readers.)내가 만난 성공한 사람들은 모두 훌륭한 독서가였다. 그들은 책을 읽고 또 읽었다. 그들이 그렇게 책을 읽은 동기엔 호기심에 있었다. 그들은 독서를 통해 더 나아지는 새로운 방법을 끊임없이 찾았다. 그만큼 그들은 새로운 것을 알고자 하는 욕망이 강했던 것이다. 독서의 의미는 책 같은 인쇄물에 한정되지 않는다. 오디오와 비디오 매체 역시 지식을 얻기에 탁월한 수단으로 지식과 지혜를 흡수할 수 있다.

내가 아는 바쁜 사람들 중에는 자투리 시간이나 이동하는 시간 혹은 누군가를 기다리는 시간에 오디오 CD를 이용하는 경우가 많다. 예를 들어 그들은 운전을 하는 동안 CD를 듣는다. CD를 들으면 혁신적인 사고와 새로운 기술을 보다 쉽게 습득할 수 있다.

당신은 더 강해지는 법, 더 결단력 있게 행동하는 법, 더 말을 잘하는 법, 더 효과적인 리더가 되는 법, 더욱 잘 사랑하는 법, 영향력을 계발하는 법, 좋은 배우자를 만나는 법, 지적 능력을 좀 더 높이는 법, 사업을 시작하는 법 등 유용한 주제에 관한 책과 CD가 수천 가지나 있다는 사실을 알고 있는가?

나아가 당신은 수많은 성공자가 자신의 고무적인 이야기를 인쇄물로 남기는 데 전념했다는 사실을 알고 있는가? 그렇지만 사람들은 그런 글을 읽으려고 하지 않는다. 이것에 대해 어떻게 생각하는가?

만약 책 읽는 것이 싫다면 적어도 집으로 돌아오는 길에 CD를 들을 수는 있다. 그렇지 않은가?

책을 읽거나 CD를 듣는 일을 한밤중까지 기다렸다가 할 이유가 어디에 있는가. 하루 중 어떤 시간이든 매일 배우는 데 30분만 투자해보자. 단지 그것뿐이다. 설사 끼니를 거를지언정 배움에 투자하는 30분은 절대 건너뛰지 마라. 우리 모두에게 몇 끼니 거를 정도의 여력은 있어도 사고, 예시, 영감을 잃을 여력은 없다는 사실을 기억하라.

우리는 음식을 통해 육체를 살찌우듯 말과 글로 영혼을 살찌워야 한다. 마음과 영혼도 영양분을 필요로 한다. 정신에 쉬운 것만 공급하지 마라. 정신적 사탕만으로는 건강한 영혼을 유지할 수 없다.

독서하는 시간을 '아이디어의 보물을 흡수하는' 시간으로 여겨라. 만약 매일 30분 이상 아이디어의 보물을 흡수하지 못하는, 혹은 지식 습득에 약간의 돈도 투자하지 못하는 그럴 듯한 핑계가 있다면 나는 기꺼이 그 이유를 듣고 싶다.

다음의 대화를 곰곰이 생각해보라.

어떤 사람이 말한다.

"존, 나에게 금광이 있어. 그걸 다 어디에 써야 할지 모를 정도로 엄청나게 금이 많으니까 자네가 그걸 좀 채굴해 가."

존이 힘없이 대답한다.

"하지만 나에게는 삽이 없는 걸."

"그럼 가서 하나 구해봐."

"이봐 요즘 삽이 얼마나 비싼지 알아?"

이게 말이 된다고 생각하는가? 아마 아닐 것이다. 돈을 투자하라. 자기계발을 위해 필요한 책과 CD를 구입하라. 자기 자신의 보다 나은 미래를 위해 투자할 때는 쩨쩨하게 굴지 마라.

쇼어프는 처음부터 내게 독서를 강조했다.

"자기계발을 하게. 표준적인 교육에 만족하면 표준적인 결과만 얻을 뿐이네. 표준 교육을 받은 사람들의 수입이 얼마나 되는지 알아보고 자네도 그러한 수입을 원하는지 생각해보게. 만약 자네가 원하는 것이 그런 게 아니라면, 자네가 평균 이상을 원한다면 반드시 자기계발을 해야 하네."

나는 독서를 시작한 이후 서서히 개인 서재를 만들어나갔다. 덕분에 나는 남들이 부러워할 만큼 훌륭한 서재를 갖게 되었다. 돌이켜 보면 단돈 몇 푼에 구입한 그러한 책에 담긴 정보는 내게 수십만 달러 이상의 가치가 있었고 이러한 사실은 내게 강력한 교훈을 안겨주었다.

나는 누군가를 방문했을 때 가장 먼저 그 사람의 서재를 훑어본다. 대화를 할 때보다 그 사람의 책, CD 수집 상태를 보고 더 많은 것을 알아내기도 한다. 대체로 서재는 그 사람이 무슨 생각을 하고 있는지(혹은 전혀 생각하지 않는지)를 알려준다. 책과 CD를 선택하는 취향은 그 사람의 주된 생각, 욕구 그리고 가치를 드러낸다.

당신의 서재는 당신에 대해 무엇을 말해주고 있는가? 독서는 여가시간에 하는 사치품이 아니다. 그것은 성장하고자 하는 사람의 필수품이다. 특히 내면의 잠재력을 폭발시키는 데 도움을 주는 책을 읽어라. 고등학교나 대학교를 졸업했다고 해서 다시는 책을 보지 않아도 되는 자격증이라도 얻은 것처럼 행동하지 마라.

책들을 한꺼번에 몽땅 읽을 필요는 없다. 일단 일주일에 두 권 읽기를 목표로 시작하라. 그것이 많아 보이면 처음에는 얇은 책 두 권으로부터 시작하는 것도 좋다. 10년 동안 이것을 실천하면 결국 1,000권이 넘는 책을 읽을 수 있다.

1,000권이 넘는 책 속에 들어 있는 지식을 습득하면 삶이 얼마나 많이 변하게 될까?

반면 지난 10년간 일주일에 책을 두 권씩 읽지 않았다면, 그것을 실천한 사람보다 1,000권의 지식만큼 뒤떨어지게 된다. 그로부터 10년이 더 지난 뒤 2,000권의 지식만큼이나 뒤떨어진 상태로 시장에 들어서면 상당히 불리한 위치에 처하리라는 것이 슬슬 이해가 되는가? 지식과 지혜로 무장한 사람들과 경쟁하면 그 결과가 어떨지 뻔한 일이 아닌가. 어쩌면 대화 자체가 안 될지도 모른다.

그게 끝이 아니다. 당신은 지식 부족으로 환상적인 기회를 놓칠 수도 있다. 그뿐 아니라 당신의 철학은 두께가 너무 얇아 인생이 안겨주는 역경의 무게를 버텨내지 못할 수도 있다..

책을 읽지 않으면 기술, 지식, 통찰력, 가치, 라이프스타일 등을 얻지 못한다. 당신이 책을 읽지 않으면 그 안에 들어 있는 지식은 절대로 당신을 도울 수 없다. 다시 한 번 강조하지만 당신은 당신이 읽는 대로 된다. 독서에 시간을 투자하라.

② 경청

경청은 타인으로부터 무언가를 배우는 훌륭한 방법이다. 한 가지 엉뚱한 제안을 하자면 진정한 성공자를 택해 저녁식사에 초대하라. 부자에게 밥을 사는 데 돈을 투자해 보는 것이다.

실제로 해보라. 50달러, 60달러, 70달러, 80달러, 심지어 100

달러까지 써보라. 아홉 가지 풀코스로 대접하라. 전채요리부터 시작해 식사가 진행되면 질문을 하라. 샐러드를 먹으며 대화를 계속하라. 그 지역에서 가장 큰 스테이크를 먹으려면 45분 정도가 소요될 것이다. 그동안 계속해서 질문하라. 디저트를 주문하라. 식사시간을 최대한 늘리려고 애를 써라. 적어도 두 시간은 걸리도록 만들어라. 특별한 사람을 만나 두 시간 동안 경청을 하면 인생을 바꿀 전략과 자세를 충분히 들을 수 있을 것이다.

③ 관찰

다른 사람으로부터 배우는 세 번째 방법은 관찰을 하는 것이다. 성공자들이 어떻게 하는지 잘 관찰하라. 성공은 단서를 남기기 때문이다. 성공한 남자가 다른 사람과 어떻게 악수를 하는지 관찰하라. 성공한 여자가 어떻게 질문하는지 관찰하라. 성공한 사람에게는 성공 습관이 있다. 낙오자가 실패하는 행동 방식을 만들어내는 것처럼 성공자는 성공하는 행동 방식을 만들어낸다. 승진하고 싶은가? 상사를 관찰하라. 어느 친척처럼 돈을 많이 벌고 싶은가? 그 친척이 돈과 인생을 어떻게 관리하는지 관찰하라.

성공자가 개최하는 세미나에 참석하는 것이 좋은 이유 중 하나는 그들을 관찰할 수 있기 때문이다. 책과 CD가 아무리 좋아도 커뮤니케이션상의 무언의 힘은 전달할 수 없다. 커뮤니케이션의 전체적인 모습을 보여주는 비디오테이프가 훌륭한 도구로 인정받는 이유가 여기에 있다.

좋은 관찰자가 돼라. 인생이 보다 낫게 바뀔 수 있도록 도와주는 단서를 하나도 놓치지 마라.

자아성찰

자신의 인생 경험을 뒤돌아보라. 자아성찰이란 배우고자 하는 의도로 인생의 사건들을 곱씹어보는 행위를 말한다.

인생에서 일어나는 사건은 정보를 얻는 최고의 자원이라고 할 수 있다.

모든 일에는 때와 장소가 있다. 행동해야 할 때가 있는 것처럼 성찰해야 할 때도 있는 법이다. 대부분의 사람들은 바쁘다는 핑계로 종종 이 성공의 공식 중 결정적인 부분을 놓치고 만다.

하루를 정리할 때 잠시 시간을 내 그날 일어난 일들을 뒤돌아보라. 어디에 갔고 무엇을 했으며 무슨 말을 했는지 등을 생각해보는 것이다. 어떤 것이 효과가 있었고 또 어떤 것이 그렇지 않았는지, 어떤 것을 다시 하고 싶고 어떤 것은 피하고 싶은지 깊이 생각해보라. 하나하나의 사건을 가능한 생생하게 기억해보라. 색, 광경, 소리, 대화, 경험을 기억하라.

경험은 엄청난 가치의 원천이다. 결국 누군가가 어떤 삶을 살았는가에 영향을 미치는 것은 그 사람에게 일어난 일 그 자체가 아니라 자신에게 일어난 일에 '어떻게 대처했느냐' 하는 것이다. 주말이라면 몇 시간을 들여 지난 일주일 동안 일어난 사건을 숙고하며 성찰해보자. 월말이라면 하루 동안, 연말에는 일주일 동안 자신의 삶에 일어난 사건과 상황들을 검토하고 숙고하며 성찰해볼 수 있다.

지적 능력이 뛰어난 사람들은 축적된 과거의 경험을 미래에 투자하는 법을 배운다.

하는 일 없이 나이만 먹지 말고 하나하나의 경험을 축적해 다음 해에 '투자'하라. 똑같은 대화를 되풀이하지 말고 지난 모든 경험을 모아 다음 해에 투자하라. 이러한 삶은 그 어느 때보다 당신을 신나게 살아가게 해줄 것이다.

　새로운 훈련을 시작하라. 삶을 관찰해 이 세상에서 무엇이 어떻게 효과가 있는지 발견하라. 그것을 발견하지 못하면 인생을 헛살았다는 말을 듣기 십상이다. 자신이 발견한 것을 모두 할 수는 없을지라도, 자신이 할 수 있는 것은 모두 발견할 수 있다. 인생의 막바지에 이르러 자신이 삶의 10분의 1만 살았음을, 나머지 10분의 9는 하수구에 흘려버렸음을 깨닫는 일이 없도록 하라.
　자신의 삶을 연구할 때 긍정적인 것만큼이나 부정적인 것도 잘 연구하라. 실패도 성공만큼 열심히 연구하라. 실패라고 불리는 것이 가치 있는 교훈을 가르쳐준다면 그것도 상당히 유익하다. 실패가 성공보다 더 좋은 스승인 경우도 많다. 특히 실수 혹은 실패는 개인적인 경험으로부터 빨리 배울 수 있는 방법이다. 이보다 더 좋고 감정적으로도 효과적인 방법은 없다.

　실수나 실패는 무언가를 제대로 배우는 방법 중 하나다. 실수

하는 것은 인생에서 매우 가치 있는 과정이다. 하지만 이것을 반복하는 것은 곤란하다. 만약 당신이 지난 10년간 무언가를 잘못된 방식으로 해왔다면, 이후 10년을 똑같은 방식으로 하라고 권하고 싶지 않다.

쇼어프와 처음 만났을 때 나는 이미 6년 동안 사회생활을 해온 터였다. 만난 지 얼마 지나지 않아 쇼어프가 나에게 물었다.

"짐, 일한 지 얼마나 되었나?"

"사회생활을 시작한 지 6년이 되었습니다."

"일은 마음에 드나?"

"별로 마음에 들지 않습니다."

솔직히 대답한 나는 내가 처한 상황에 은근히 짜증이 났다. 마음에도 없는 일에 대책 없이 끌려 다니는 나 자신이 싫었기 때문이다.

"이제 그 일을 그만두게. 6년이라면 잘못된 계획에 이미 충분히 끌려 다닌 셈이네."

단칼에 자르듯이 말하는 그를 보며 내가 멍하니 앉아 있자 그가 물었다.

"지난 6년 동안 돈은 얼마나 모았는가?"

나는 기어들어가는 듯한 목소리로 대답했다.

"거의 없습니다."

그러자 그가 눈썹을 치켜 올리며 물었다.

"누가 그 계획이 좋다고 자네를 꾀었나?"

내가 어디서 그런 재앙에 가까운 계획을 들었을까? 실제로 사람들은 모두 무분별한 계획을 아무렇지도 않게 받아들이고 있다.

이제 당신은 과거의 경험과 대면해야 한다. 그것은 고통스러울 수도 있다. 나처럼 많은 실수를 저질렀다면 더욱더 그럴 것이다. 하지만 그 대가를 생각해보라! 그리고 그러한 과거의 경험을 대면했을 때 이루게 될 발전을 고려해보라.

오늘날의 "모든 리더는 독서가다."(All leaders are readers.)

03.
지식을 얻기 위한 현명한 미래 투자

지식 추구는 부와 행복을 얻기 위한 전략 중 하나다. 일정한 목적 아래 일관성 있게 훈련된 지식 추구에 시간을 투자하는 것은 매우 강력한 행동 방식이다. 그러나 가치 있는 다른 모든 것과 마찬가지로 여기에도 지불해야 할 대가가 있다. 불행히도 이로 인해 가던 길을 멈춰야 할 때도 있다.

지식 추구는 투자를 필요로 한다. 사실 이 여정을 성공적으로 시작하는 데는 세 가지 투자가 필요하다.

첫째, 돈을 지출해야 한다. 책과 CD를 구매하고 세미나에 참석하려면 확실히 돈이 들어간다. 하지만 자기계발에 투자하는 것에 인색해서는 안 된다. 매달 수입의 일정 부분을 떼어내 자신의 지식 추구에 투자하라. 당신 안에 잠자는 거인을 깨우는 데 돈을 써라. 그 돈은 그리 큰 액수가 아니지만 그 투자에는 무한한 잠재력이 있다.

둘째, 시간을 지출해야 한다. 이것은 돈을 지출하는 것보다 더 중요하다. 돈은 다시 벌면 되지만 지나간 시간은 되돌릴 수 없기 때문이다. 돈을 쓰라고 부탁하는 것과 시간을 쓰라고 부탁하는 것은 차원이 다른 얘기다. 그래도 지름길은 없다. 아직은 지식을 두뇌에 부어주는 기계가 등장하지 않았다. 따라서 시간이 걸리더라도 지식을 쌓기 위해 소중한 시간을 투자할 수밖에 없다.

다행히 인생에는 크게 투자하면 크게 돌려받는 독특한 보상 방식이 존재한다. 지금 당신이 투자하는 시간이 중요한 성취의 촉매제가 될지도 모른다.

셋째, 노력을 투자해야 한다. 되는 대로 배우는 것보다 진지하게 배우는 것에 훨씬 더 많은 노력이 들어간다. 당신이 하는 모든 것, 즉 자기 관찰, 독서, 혹은 다른 사람 관찰 등에 기울이는 노력의 강도는 당신이 얻는 지식의 양에 심오한 영향을 미친다.

물론 그렇게 집중하려면 많은 노력을 기울여야 한다. 하지만 그러한 노력만이 위대한 아이디어가 당신을 부와 행복으로 좀 더 가까이 다가가도록 안내하는 문을 열 수 있다.

PART 6

인맥
PERSONAL CONNECTIONS

다 섯 번 째 전 략
승자와 어울려라

당신의 삶은 당신의 것이므로 누구와 어떻게

시간을 보내든 그것은 당신의 자유다. 하지만 이렇게 질문해 보라

"그들은 나에게 어떤 영행을 미치는가?" 지혜롭지 못한 사람들과 어울리며

사용하기엔 이생애에 주어진 시간이 너무 짧다.

01.
대인관계가 당신에게 미치는 영향

자신이 원하는 사람이 되는 데 주된 영향을 미치는 것 중 하나가 바로 대인관계다. 이것은 때로 가장 강력한 영향을 미치기도 하지만 이해하기가 상당히 어려운 문제다. 다른 사람이 당신의 삶에 어떤 영향을 미치는지 생각해본 적이 있는가? 나는 쇼어프가 "짐, 타인의 영향력을 절대 과소평가하지 말게."라고 말했을 때라야 비로소 그런 생각이 떠올랐다.

물론 그의 말이 옳았다. 주변 사람들의 영향력은 매우 강력하고 미묘하며 점진적이기 때문에 우리는 종종 그것이 우리에게 어떤 영향을 줄 수 있는지 깨닫지 못한다. 생각해보라. 자신의 수입을 몽땅 써버리는 사람들에게 둘러싸여 있을 경우에는 방탕한 사람이 될 확률이 매우 높다. 연주회보다 레슬링 경기를 더 자주 보러가는 사람들과 어울리면 그들의 격한 성향을 따르기 십상이다. 동료 집단의 압력이 그만큼 강한 영향을 발휘하기 때문이다.

그러한 영향력은 다양한 모습으로 나타난다. 조금 속이는 것은 괜찮다고 생각하는 사람들에게 둘러싸여 있으면 당신도 약간의 눈속임 정도는 괜찮다고 믿게 될지도 모른다. 주변 사람들의 압력으로 인해 당신이 정도에서 벗어나는 행동을 할 수도 있다. 그러면 10년이 지난 어느 날, 갑자기 정신이 든 당신은 "도대체 어쩌다가 내가 여기까지 왔지?"라고 자문하게 될 것이다. 물론 그것은 결코 행복한 느낌이 아니다.

잘못된 대인관계로 인해 시간을 허비하는 일을 피하려면 자기 자신에게 세 가지의 근본적인 질문을 해볼 필요가 있다.

1. 나는 누구와 시간을 보내는가?

2. 그들은 나에게 어떤 영향을 미치는가?
3. 이러한 관계를 지속하는 것은 괜찮은가?

이들 질문을 염두에 두고 각각의 주요 지인들과 보내는 시간을 들여다보라. 그들과의 관계는 생산적이고 건설적인가, 아니면 부정적이고 해로운가? 그 답을 확실히 알 수 없다면 다음의 질문에 대해 생각해보라.

- 그들은 당신이 어떤 행동을 하게 했는가?
- 그들은 당신이 무엇을 듣게 했는가?
- 그들은 당신이 무엇을 읽게 했는가?
- 그들은 당신이 어디를 가게 했는가?
- 그들은 당신이 무슨 생각을 하게 했는가?
- 그들은 당신이 어떻게 얘기하게 했는가?
- 그들은 당신이 어떻게 느끼게 했는가?
- 그들은 당신이 무슨 얘기를 하게 했는가?

위의 질문들을 곰곰이 생각해본 뒤 마지막으로 다음의 질문을 스스로에게 던져보라. 현재의 지인들은 내가 목표로 하는 방향으로 나아가도록 나를 돕고 있는가? 당신이 이 질문에 '예'라고 대답할 수 있을 만큼 행운아였으면 좋겠다. 만약 이 질문에 대한 답이 확실치 않다면 주요 지인들과의 관계를 재평가해봐야 한다.

대다수의 사람들이 자신의 지인들이 어떤 영향을 미치는지 알아보기 위한 질문에 무관심하다.

누군가는 이렇게 말할지도 모르겠다.

"내가 누구랑 어울리든 그건 별로 상관없어요. 이 사람들은 내게 방해가 되지 않는 걸요."

그는 틀렸다. 모든 것이 상관이 있다!

이 책은 희망사항이 아니라 현실을 다루고 있다는 점에서 다른 많은 책과 차이가 있다. 이 책의 주된 목적 중 하나는 당신이 다음과 같이 말하도록 하는 데 있다.

"더 이상 나 자신을 속이고 싶지 않아. 나는 그동안 내가 어떤 사람으로 살아왔고 현재 어떤 사람이 되기 위해 노력하고 있는지 알고 싶어. 내 강점과 약점이 무엇인지, 무엇이 나를 지배하는지, 무엇이 내게 영향을 미치고 있는지, 무엇이 내 삶에 영향을 미치도록 내버려뒀는지 알고 싶어."

"인간이 추구해야 할 것은 돈이 아니다. 인간이 추구해야 할 것은 항상 인간이다."
일을 추구하지 말고 사람을 추구하라.

−푸쉬킨

거듭 살펴보라. 당신을 둘러싼 모든 것은 두 번씩 들여다볼 가치가 있다. 특히 타인의 영향력은 더욱더 그렇다.

당신의 비전을 파먹는 사람이 있는가? 당신이 꿈을 보지 못하도록 애써 눈을 가리려고 하는 사람이 있는가? 영향력 중에서도 부정적인 영향력이 우리 삶을 휘두르도록 만들기는 쉽다. 지인들이 당신의 삶의 방향을 결정하도록 내버려두고 싶은가? 그들의 설득력에 압도당하길 원하는가? 대세에 휩쓸리고 압력에 눌리고 싶은가? 당신은 정말로 그것을 원하는가? 선택은 당신에게 달려 있다.

당신은 자신이 원하는 사람이 되고 있는가? 원하는 것을 성취하고 있는가? 원하는 것을 얻고 있는가? 아니면 다른 사람이 당신의 꿈을 훔쳐가도록 내버려두고 있는가?

02.
과감한 관계 정리

현재의 관계를 분석한 뒤, 당신의 대인관계라는 정원에 잡초가 있다는 결론에 도달하더라도 낙담하지 마라. 몇 가지 해결책이 있다.

첫째, 당신의 행복을 파괴하는 사람들로부터 멀어진다. 그들이 가족이라면 더더욱 어렵겠지만 그래도 당신의 꿈과 목표, 믿음을 파먹는 데서 엄청난 기쁨을 느끼는 사람이 있다면 그 영향력을 제거해야 한다. 그것이 당신의 삶의 질을 구원하는 선택이다.

둘째, 대인관계를 제한한다. 대인관계는 무를 자르듯 단번에 뚝 잘라낼 수 없는 경우가 많다. 우리는 때로 직장동료나 거래처 사람들과 불편한 시간을 보내기도 한다. 완전히 관계를 끊을 수 없는 상황이라면 교제를 제한하는 것이 좋다.

셋째, 부정적인 영향을 주는 교제를 단계적으로 단절한다. 비록 지금은 즐겁지만 장기적으로는 당신의 삶에 부정적인 영향을 줄 수 있는 교제도 있다. 친구들과 일주일에 두 번씩 밤에 만나 술을 마신다면 당신의 삶은 결국 심각하게 균형을 잃을 수도 있다. 지금으로부터 5년, 10년, 20년 후에 나타나는 결과는 말 그대로 파괴적일 수 있다.

넷째, 사소한 만남에 중요한 시간을 할애하지 않는다. 평범한 사람으로 남기는 쉽다. 평범한 사람들은 별로 중요하지 않은 사소한 만남에 중요한 시간을 쏟는다. 반면 현명한 사람들은 무엇이 중요하고 무엇이 사소한지 판단해서 대응한다. 그들은 이러한 결정을 할 때 혼란스러워하는 경우가 거의 없다. 물론 이들도 격의 없는 친구를 사귄다. 그러나 그들은 편안하고 상대적으로 덜 중요한 시간을 그들과 보낸다. 그저 사소한 우정과 한량들을 위해 시간을 낭비하지 않는 것이다.

당신의 삶은 당신의 것이므로 누구와 어떻게 시간을 보내든 그것은 당신의 자유다. 하지만 나는 당신이 내가 당신을 즐겁게 해주길 바라는 마음에서 이 책에 시간과 돈을 투자했다고 생각하지 않는다. 대인관계를 포함해 당신의 우선순위와 가치를 들여다보고 그것을 평가해보라. 지혜롭지 못하게 사용하기엔 이 생애에 주어진 시간이 너무 짧다.

성공한 사람들은 존경할 만한 사람들을 찾는다. 그들은 올바른 사람들과의 교제로부터 영감과 지식을 얻을 수 있음을 알고 있기 때문이다.

03.
목적 있는 올바른 교제의 시작

　이번에는 좀 더 즐거운 주제로 넘어가보자. 그것은 바로 '관계 넓히기'다. 관계를 넓히는 원칙은 '올바른 사람들과 더 많은 시간을 보내라'는 것이다. 그렇다면 '올바른' 사람들이란 어떤 사람을 말하는 것일까? 그것은 당신의 목표와 목적에 따라 달라진다. 내가 권하고 싶은 사람은 부와 문화를 성취한 사람들이다. 다시 말해 삶의 의미를 되새겨보고 훈련과 인내를 통해 위대한 일을 성취하는 사람들을 찾아라.

　이것은 내가 쇼어프를 만난 지 얼마 되지 않았을 때 들은 조언이다. 쇼어프는 "진정으로 성공을 원한다면 올바른 사람들과 어울려야 하네."라고 말했다. 실제로 성공한 사람들과 어울리는 것은 그리 어려운 일이 아니다. 지역 사회의 여러 단체에 눈을 돌려보라. 내 친구는 세일즈 비즈니스를 시작하고 나서 그 지역의 상공회의소에 들어가 몇몇 위원회에서 활발히 활동했다. 그러자 어느 순간부터 도시의 유력한 사람들과 테니스를 즐기는 관계로 발전하게 되었다. 새로운 관계를 만드는 것은 생각보다 어렵지 않다.

또한 앞에서 살펴본 것처럼 부자들과 함께 식사를 하는 데 투자하라. 부자를 초대해 식사를 대접하라. 한두 시간 동안 그들과 나누는 대화를 통해 배우는 것은 그 값을 따지기 어려울 정도로 가치가 있다.

관계를 확장할 때는 당신의 삶의 우선순위를 살펴보라. 이른바 '목적이 있는 교제'를 해야 한다. 예를 들어 당신의 성공 계획을 도와줄 수 있는 성공한 사람들을 찾아라. 운동과 영양 계획을 세우도록 격려해줄 건강한 사람들을 찾아라. 보람 있게 사는 법을 아는 사람들을 찾아내 보람 있는 라이프스타일의 비결을 배

워라. 이러한 사람들과 우정을 쌓아가는 것을 결코 주저하지 마라. 성공한 사람들은 대개 자신의 지식을 다른 사람에게 나눠주는 걸 좋아한다(그들은 아마도 그런 자세 때문에 성공했을 것이다).

성공한 사람들은 존경할 만한 사람들을 찾는다. 그들은 올바른 사람들과의 교제로부터 영감과 지식을 얻을 수 있음을 이해한다. 나 역시 이런 원칙에서 예외가 아니다. 나는 그러한 교제를 추구하는 사람을 알고 있는데, 그는 거물들과의 교제를 즐기는 사람으로 거부이자 여행가이며 기업가다. 또한 그는 세계적으로 이름이 알려진 위대한 철학가이기도 하다.

내 친구 중 한 명은 성인이 된 이후에 겪은 것을 거의 다 기억함은 물로 자신이 읽은 책을 모두 기억해내는 능력이 있다. 그는 자신이 알게 된 모든 사실을 간직하는 것처럼 보인다. 만약 내가 직접 외국에 가든지, 아니면 그에게 외국에 갔다 오게 해서 그로부터 여행에 대해 듣든지 둘 중 하나를 선택하라고 하면 나는 아

마도 후자를 선택할 것이다. 그가 중요한 것을 하나도 놓치지 않는 특별한 주의력을 갖고 있기 때문이다

다른 하나는 표현력이 구체적이고 자세하다는 점이다. 그는 여행을 다녀오면 그곳의 소리와 색깔, 그곳 사람들의 관습, 관심사, 여행 중에 있던 사소한 경험부터 중요한 사건과 사고까지 모든 것을 생생하고 자세하게 묘사한다. 그에게는 자신이 보고 만지고 느낀 모든 것을 흥미진진하고 역동적인 언어로 표현하는 능력이 있다.

그가 자신이 다녀온 여행에 대해 들려주면 사람들은 폭포수가 낙하하는 우렁찬 소리, 북부 지역에 부는 서늘한 바람, 도시와 시골의 색 혹은 냄새를 느낄 수 있다. 그를 안다는 것만으로도 내가 누리는 특권은 엄청나게 많다!

그런 특별한 교제의 가치를 어떤 말로 표현할 수 있을까? 나는 잘 모르지만 분명한 것은 우리의 교제를 통해 내 지식과 이해, 기술, 사업, 라이프스타일이 한층 더 넓어졌다는 것이다.

당신은 지적 성찬을 얻기 위해 어디로 가는가? 선호하는 식당

은 있어도 선호하는 사상가는 없는 사람은 불쌍하다. 그는 자기 몸은 돌보지만 영혼과 정신은 돌보지 않는 사람이다.

오늘날에는 구텐베르크(Gutenberg, 독일의 인쇄업자로 활판 인쇄술을 발명했다)와 마르코니(Marconi, 이탈리아의 전기기사, 무선전신 발명가, 1909년 노벨 물리학상 수상자), 그밖에 정보기록 분야의 개척자들 덕분에 시공간을 뛰어넘는 교제가 가능해졌다. 비록 같은 장소에서 직접 대면할 수 없더라도 그 사람의 글을 읽거나 그의 말이 녹음된 목소리를 들을 수는 있다. 처칠, 아리스토텔레스, 링컨은 세상에 없지만 그들의 말은 여전히 살아남아 경외심을 불러일으키고 영감과 교훈을 준다.

올바른 대인관계는 부와 행복을 얻는 일곱 가지 전략 중 하나다. 인생에서 부정적인 영향을 미치는 잡초들을 뽑아내라. 건설적인 영향력의 씨앗을 뿌리고 가꿔라. 여기서 거두는 행운의 수확은 어마어마하다!

PART 7

재정

ECONOMY SYSTEM

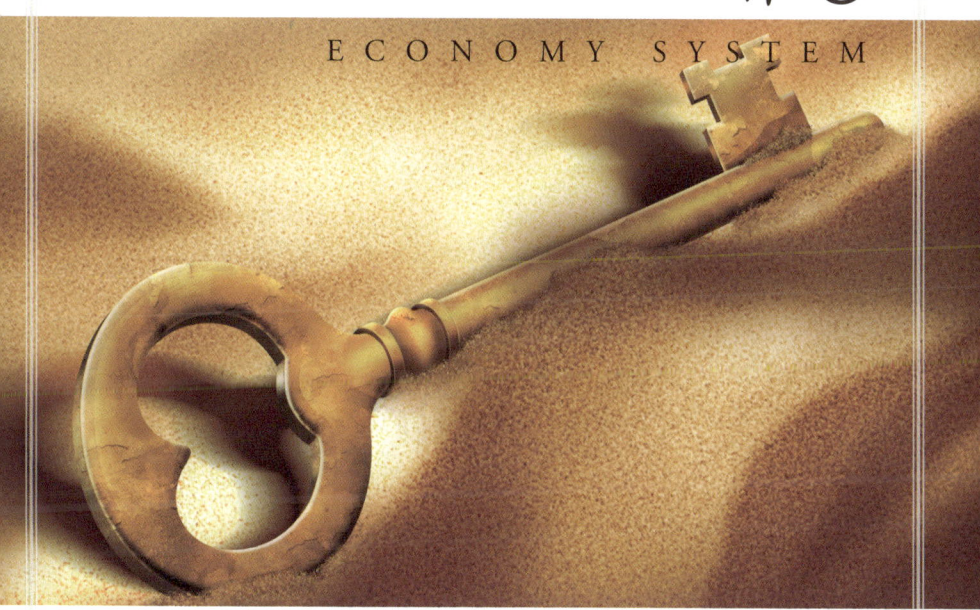

여섯 번째 전략
소비의 자유를 통제하라

Dream List

당신만을 위한 투자를 하라. 당신을 위해 투자하고 당신을 위해 쉬고,

당신을 위해 노력하며, 당신을 위해 투자하라.

세상에서 가치 있는 투자는 자신에게 하는 것이다.

01. 재정적 자유를 성취하는 법

지적 능력과 이해력이 뛰어난 사람들은 정말로 중요한 것은 양이 아니라, 천부적인 능력을 발휘해 최상의 결과를 내는 것임을 안다. 우리가 가진 것으로 최상의 결과를 낸다는 생각은 조지 클레이슨(George Clayson)이 쓴 ≪바빌론 부자들의 돈 버는 지혜≫(The Richest Man in Babylon)의 핵심 주제다. 이 책은 앉은자리에서 끝까지 다 읽을 수 있을 만큼 분량이 적지만 삶의 근본적인 것을 다루고 있다. 나는 이 책을 "재정적 독립에 관한 전체 강연에서 전채(前菜) 요리에 해당된다."고 표현하는데, 당신에게도 그것을 추천하고 싶다.

우리의 행동과 소유물은 우리에 대해 많은 것을 말해준다. 그것은 우리의 인생철학, 자세, 지식, 생각, 심지어 인격까지 드러낸다. 외면은 늘 내면을 반영하므로 행동과 소유물은 우리가 평가하고 인식하는 능력을 생중계하는 셈이다. 이런 속담도 있다.

"당신의 행동이 들려주는 소리가 너무 커서 당신의 말이 들리지 않는다."

이것은 피할 방법이 없다. 모든 것은 무언가의 증상을 나타내기 때문이다. 그것은 올바른 것의 증상일 수도 있고 잘못된 것의 증상일 수도 있다.

예를 들어 당신이 수입과 관련해 라이프스타일을 점검한다고 해보자. 당신이 버는 돈보다 쓰는 돈이 더 많다면 당신은 서서히 경제적 자살을 하고 있는 셈이다. 할부로 장만한 '장난감'들은 힘들이지 않고 입에 털어 넣은 독약과 같을 수도 있다.

현재의 수입으로 무엇을 하고 있는지 확인해보라. 전체 수입의 70퍼센트만 소비하고 나머지는 저축하는 식으로 현명하게 사용하고 있는가? 아니면 한 달에 버는 것보다 몇 백 달러나 몇 천 달러 이상을 더 쓰며 살고 있는가? 너무 늦기 전에 증상을 잘 살펴보라.

한번은 쇼어프에게 이렇게 말한 적이 있다.

"돈이 좀 더 많으면 더 좋은 계획을 짤 수 있을 텐데요."

그는 재빨리 대답했다.

"나는 '자네에게 더 좋은 계획이 있다면 좀 더 많은 돈을 벌 수 있을 텐데'라고 말하고 싶은 걸."

이것이 가장 중요한 말이다! 중요한 것은 '양'이 아니라 '계획'이다. 그리고 '얼마'를 쓰느냐가 중요한 게 아니라, 그것을 '어떻게' 쓰느냐가 중요하다.

02.
재정적 파이 나누기

우리의 경제 시스템이 어떻게 돌아가는지 마지막으로 배운 게 언제인가? 교과서적 이론이 아니라 매일 일어나는 실생활 경제의 관점에서 말이다. 누군가로부터 수입을 마지막 한 푼까지 가장 현명하게 사용하는 방법에 대해 배운 적이 있는가? 나는 쇼어프가 내 곁에서 끈기 있게 차근차근 설명해주기 전까지는 이런 것을 전혀 배우지 못했다.

우리의 교육 시스템에서는 실생활 경제가 명백하게 누락되어 있다. 만약 그렇지 않다면 내가 전 세계를 돌아다니며 강연을 하는 동안 훌륭한 교육을 받은 사람들(의사, 변호사, 회사의 고위 간부,

심지어 사업가까지)을 끊임없이 만날 이유는 없었을 것이다. 그들은 훌륭한 교육을 받았음에도 불구하고 재정 관리 방법에 대해서는 희미한 개념밖에 얻지 못했다.

그들은 복잡한 연간보고서는 읽을 수 있을지 모르지만 일상적인 경제, 즉 일정하고 지속적이며 늘 예측할 수 있도록 재정적으로 독립하는 경제는 이해하지 못하는 것처럼 보였다. 탓에 그들은 이 기본적인 경제 개념을 자녀에게 가르치지 않는다. 그런 상태에서는 세대가 지날수록 자유기업 시스템에 대한 무지만 남게 된다. '부자'와 '가난한 자'를 정의해보자. 가난한 사람은 먼저 돈을 쓰고 남는 것을 저축한다. 부자는 먼저 돈을 저축하고 남는 것을 쓴다. 똑같은 돈이지만 철학은 다르다.

20년 전, 각각 한 달에 1,000달러를 버는 두 사람이 있었다. 세월이 흐르면서 이들의 월급은 똑같이 올라갔다. 그런데 한 사람은 먼저 돈을 쓰고 남은 것을 저축하는 철학을 고수했고, 다른 사람은 먼저 저축을 하고 남은 것을 쓰는 철학을 지켰다. 그러면 20년이 흐른 지금 그들은 어떻게 되었을까? 만약 당신이 그 두 사람을 안다면 아마도 한 사람은 '가난한 사람'으로, 다른 한 사람은 '부자'로 부를 것이다.

다른 모든 훈련의 형태와 마찬가지로 초기에는 저축의 효과가 미미하다. 하루, 한 주, 한 달이 지났을 때의 결과는 거의 눈에 띄지 않는다. 하지만 5년이 경과하면 그 차이는 현저해진다. 10년이 지나면 그 차이는 극적으로 벌어진다.

개미와 베짱이 이야기를 기억하는가? 베짱이는 개미가 여름 내내 곡식을 모으며 일하는 것을 보고 비웃었다. 베짱이는 미래에 대해 조금도 신경 쓰지 않고 높은 잔디 위로 뛰어다니며 놀았다. 혹독한 겨울이 찾아왔을 때, 개미는 풍족한 반면 베짱이는 굶어 죽을 지경이 되었다.

부자와 가난한 자의 차이는 얼마나 버느냐가 아니라, 자신이 번 것을 어떻게 사용하느냐에 있다. 그 선택은 당신의 몫이다.

03.
부와 행복의 자세

언젠가 나는 쇼어프에게 "저는 세금을 내는 것이 너무나 아깝습니다. 아니, 정확히 말하면 저는 돈을 내기 싫습니다."라고 투덜거렸다. 그러자 쇼어프는,

" 자네가 원한다면 그렇게 생각하는 방식도 삶의 또 다른 방식이겠지"라고 응답했다.

쇼어프의 어투에서 세금과 관련된 그의 다른 생각을 읽을 수 있었다.

나는 당황스러웠다.

그렇다면 쇼어프는 세금으로 지불하는 비용이 즐겁기라도 하

다는 말인가? 나는 묻지 않을 수 없었다.

"그럼 사장님은 세금을 내는 것이 즐겁다는 말씀인가요?"

"자네가 '나는 세금 내는 게 정말 좋아. 황금알을 낳는 거위를 돌보고 먹이는 게 내 역할이니까.'라고 말한다면 어떨까? '나는 청구서를 지불해서 부채를 줄이고 자산을 늘리는 게 정말 좋아.'라고 말한다면 어떨까? '나는 내가 낸 돈이 유통되어 역동적인 경제가 형성될 수 있도록 돕는 게 정말 좋아.'라고 말한다면 어떨까? '하기 싫다'는 말보다 '정말 좋다.'는 말을 배우는 게 더 나은 방법이 아닐까?"

이것은 인생을 바라보는 놀라운 방법이었다! 비록 내가 진정으로 '정말 좋다.'라고 말하는 법을 배우는 데 상당한 시간이 걸리긴 했지만, 싫어하는 것에서 좋아하는 것으로의 변화는 엄청난 차이를 만들어냈다. 심지어 쇼이프는 자동차 할부금도 기쁜 마음으로 내라고 가르쳤다.

"다음번에 할부금으로 백 달러를 내면 봉투 안에 '커다란 열정을 담아 백 달러를 보냅니다.'라는 메모도 함께 넣게."

그는 활짝 웃으며 말을 이었다.

"이것이 상대방의 마음에 어떤 영향을 주는지 자네는 모를 걸세. 그들은 그런 메모를 자주 받지 않으니까 말이네. 분명 상대방에게 믿기 힘들만 한 어떤 일이 일어나게 될 걸세. 그리고 좌절 대신 기쁨을 가져다주는 철학을 갖게 되면 자네는 무엇이든 할 수 있다고 느끼게 된다네. 나이가 많든 적든 올바른 인생 항로로 돌아오기에 너무 늦은 때는 없다는 것도 늘 잊지 않았으면 하네.

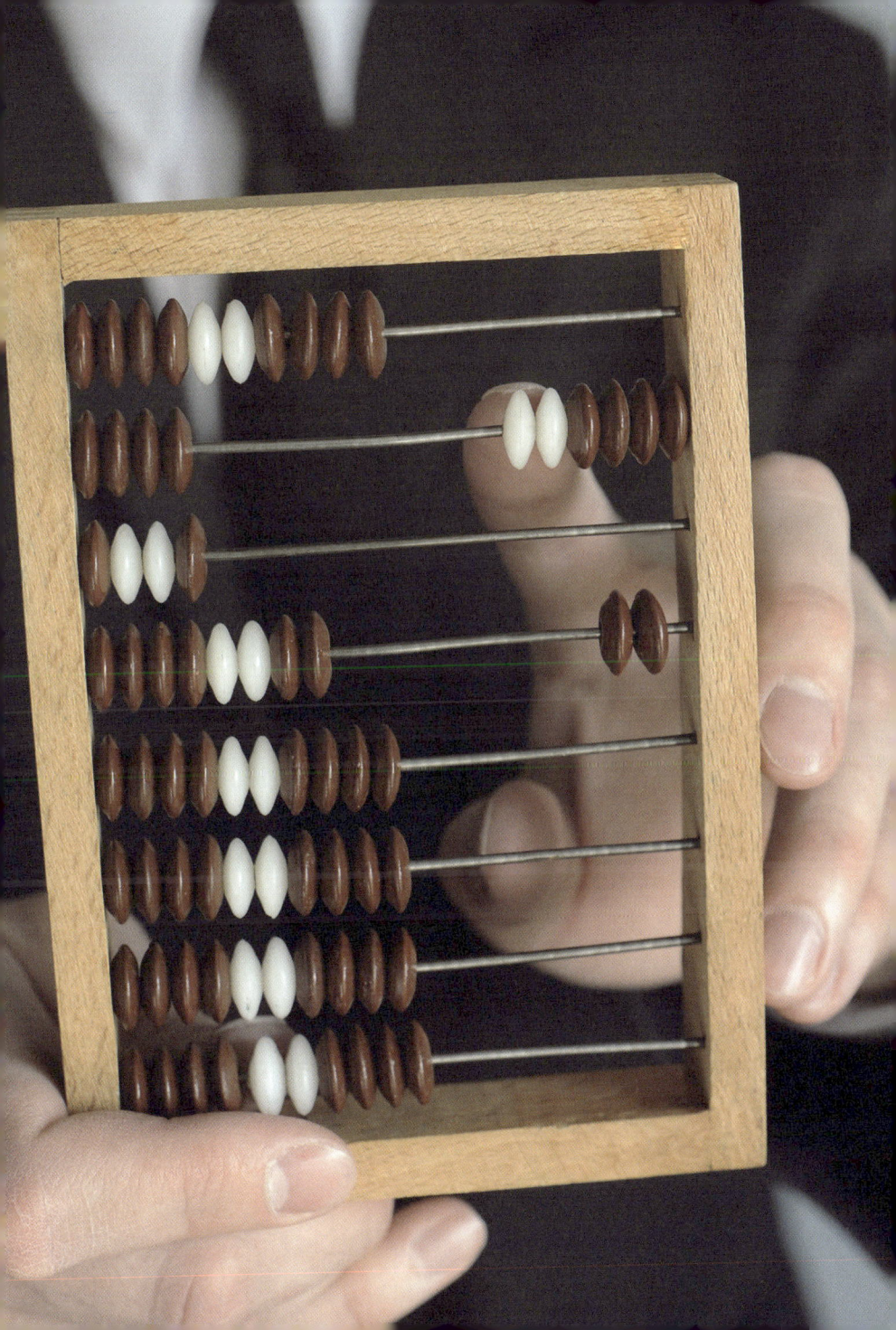

04.
나만의 재무 분석표

　당신은 자신만의 재무 분석표를 가지고 있는가? 어쩌면 당신은 나에게 "재무 분석표가 뭡니까?"라고 물을지도 모르겠다. 만약 당신이 지금껏 가져보지 못한 커다란 부를 쌓기로 결정했다면 현재 재정적인 자신의 위치가 어디에 속하는지 정확히 아는 것은 매우 중요하다. 자신의 위치가 어딘지 알아야 자신이 원하는 곳으로 가기 위한 좋은 계획을 세울 수 있을 것이 아닌가.

　재무 분석표를 만드는 것은 그리 어렵지 않다. 그저 종이의 한쪽 면에 자신이 가진 자산의 가치를 나열하고, 다른 면에 자신의 부채 혹은 채무를 적는 것이다. 자산에서 부채를 빼면 재정적 순

자산의 수치가 나온다. 그것은 인간으로서가 아니라 오로지 금전상으로 당신의 가치를 보여준다.

대충 머릿속으로 헤아려본 나는 쇼어프에게 "제 재무 분석표는 썩 좋아 보이지 않겠네요."라고 말했다. 그는 의외의 말을 했다.

"얼마나 좋아 보이느냐는 중요하지 않네. 중요한 건 자네가 재무 분석표를 만든다는 것이라네."

나는 내 첫 번째 재무 분석표를 작성했다. 나에게는 많은 부채가 있었다. 우선 부모님과 은행에서 돈을 빌렸고 자동차 할부금도 갚아나가는 중이었으며, 다른 몇몇 기관에도 매달 지불해야 하는 빚이 있었다.

반면 자산 측면에서는 적을 게 별로 없었다. 나는 생각나는 것은 몽땅 적었다. 심지어 내 구두까지 기록했다! 마침내 얼마간의 가치가 나왔는데 순자산이 어찌나 작던지 얼굴이 다 화끈거렸다. 6년간 열심히 일한 결과가 고작 그 정도라니!

분명 당신은 나보다 훨씬 잘하고 있을 것이다. 설사 그렇지 않더라도 당신은 재무 분석표가 있어야 한다. 그렇다고 그 결과를 공공게시판에 붙일 필요는 없다. 그것을 지역 사회에 공포하는 것은 중요하지 않다. 중요한 것은 현재의 재정적 상태를 아는 것이다.

재무 분석표와 함께 수입과 지출을 적기 시작하라. "돈이 다 어디로 갔는지 모르겠어."라는 말을 들은 적이 있는가? 당신은 절대 그런 말을 하는 사람이 되지 않도록 하라. 지금부터 반드시 돈이 모두 어디로 갔고 어디에서 오는지 정확히 알도록 하라.

한 가지 중요한 사실 중 하나는 돈을 많이 버는 것만으로는 충분치 않다는 사실이다. 한 달에 1만 달러를 버는 사람도 파산할 수 있음을 알았기 때문이다. 당신은 "한 달에 1만 달러를 버는 사람이 대체 어떻게 파산할 수 있는 겁니까?"라고 물을지도 모르지만, 그것은 어려운 일이 아니다! 한 달에 1만 1,000달러를 쓰면 파산은 당연한 결과이다. 또한 1만 달러를 버는 사람이라면 1만 1,000달러를 써버리는 것에 무감각해지기가 너무나 쉽기 때문일 수도 있다. 언젠가 어떤 사람이 이렇게 말한 것처럼 말이다.

"지출이 수입을 초과하면 기본적인 유지비는 몰락의 원인이 된다."

그러므로 자신이 가진 것과 자신이 어떤 사람인지 잘 알고 있어야 한다. 바로 그곳이 엄청난 부, 훌륭한 건강, 대단한 결과, 커다란 영향력 그리고 환상적인 라이프스타일 등 위대함의 씨앗을 뿌리는 지점이다.

작은 것에 성실하면 언젠가 많은 것을 갖게 된다. 이러한 철학은 매우 중요하다. 인생은 스스로 급여를 잘 간수하지 못하는 사람에게 재산과 책임을 넘겨주길 꺼린다. 그러나 인생의 재정적 점수를 기록하는 책임을 떠안으면 풍요로운 삶을 맞는 큰 발걸음을 내디딘 셈이다.

중간 항로 수정

'나이든 사람' 하면 어떤 생각이 떠오르는가? 다소 무기력하고 한정된 자원으로 살아가는 사람들이 떠오르는가? 사실이 그렇다. '고령자'로 알려진 연령층에 속한 사람들은 대부분 그렇게 살아간다. 이러한 이미지를 바꿀 수 있다면 멋지지 않겠는가.

할머니와 할아버지의 이미지는 새롭게 정의되어야 한다. 할머니와 할아버지의 주된 역할은 손자손녀에게 '함께' 부유하고 고상하며 행복해지는 방법을 가르치는 것이어야 한다. 그들은 "나는 평생 열심히 일했는데 이젠 도움이 필요해."라고 말하지 않아야 한다. 그 대신 "나는 평생 열심히 일했기 때문에 이젠 도울 수 있어."라고 말할 수 있어야 한다.

당신이 마흔 살, 쉰 살이 되어서도 재정적으로 독립을 이루지 못했다면 그것은 당신이 잘못된 나라에 살고 있어서가 아니다. 잘못된 지역 사회에 살고 있어서도, 당신이 잘못된 사람이어서도 아니다. 그것은 그저 당신의 계획이 잘못되었기 때문이다.

당신만 그런 것은 절대 아니다. 우리는 대부분 올바른 인생 항로를 벗어난다. 달에 로켓을 쏘아 올릴 때 과학자들은 로켓이 항로를 약간 벗어날 거라는 사실을 안다. 첫 번째로 설정한 유도 방식이 전체 항해에 꼭 들어맞지는 않는다. 그래서 중간 항로 수정이 필요한 것이다.

당신과 나도 다르지 않다. 재정적으로 독립하려면 우리도 때로 중간 항로 수정을 해야 한다. 할머니, 할아버지가 되었을 때 부와 행복에 관한 롤 모델이 되고 싶지 않은가?

PART 8

삶의 방식
AFFLUENT LIFE

일 곱 번 째 전 략
잘사는 기술을 배워라

Dream List

불행은 끝이 없다고 생각하는 사람은 불행의 번호표를 들고 있는 사람이지만,
불행 다음에 행복이 온다는 것을 아는 사람은 행복표를 예약한 사람이 된다.

01.
풍요로운 라이프스타일로 가는 길

"돈 버는 법만 배우지 말고 잘사는 법을 배우라!"

처음에는 이 말을 이해할 수가 없었다. 사실은 별로 귀를 기울이고 싶지도 않았다.

'목표 달성을 위해 열심히 일해서 이제 겨우 성공을 맛보고 있는데, 이게 대체 무슨 말인가?

돈 버는 것 외에 뭐가 더 있다는 말인가!'

스승으로서 쇼어프는 나의 생각을 이미 알고 있었던 듯 했다.

"짐, 세상에는 아름다운 것에 둘러싸여 있으면서도 행복을 거의 느끼지 못하는 사람들이 있네. 또 돈을 엄청나게 쌓아놨으면서도 삶에서 즐거움을 찾지 못하고 정신적으로 가난하게 살아가는 사람들도 있지. 나는 자네가 라이프스타일을 설계하는 기술, 즉 잘사는 법을 배우길 바라네."

"제게 돈이 아주 많다면 그런 것도 생각해보겠지만, 지금은 돈 버는 법을 배우는 데 집중해야 할 것 같은데요."

그는 고개를 가로저었다.

"아닐세. 돈이 적을 때 라이프스타일을 설계하는 기술을 배우는 것이 더 쉽네. 사실 그 기술은 50센트에서 시작하는 것이 좋다네."

나는 깜짝 놀라 물었다.

"50센트라고요? 아니, 어떻게 고작 50센트로 라이프스타일을 설계할 수 있단 말입니까?"

쇼어프는 싱긋 웃었다. 그 노련한 세일즈맨은 결국 내 관심을 사로잡는 데 성공한 셈이었다.

"어느 날 자네가 구두를 닦으러 갔다고 가정해 보세. 그곳에서 누군가 놀라울 정도로 깨끗하고 번쩍거리게 자네 구두를 닦아냈네. 마치 자네의 구두가 세상에서 제일가는 구두가 된 것처럼 말이지. 이내 자네가 저절로 팁을 주고 싶어졌지. 분명 자네는 팁

으로 얼마를 주어야 할지 생각할 것이네. '25센트를 줄까, 50센트를 줄까?' 바로 이런 경우 마음속에 두 가지의 금액이 떠오르면 항상 더 높은 금액을 선택하게. '50센트를 주는 사람'이 되라는 말일세."

나는 당혹감을 감추지 못했다.

"25센트보다 50센트를 주는 것이 더 좋다는 말씀입니까?"

"당연하네. 그것에는 엄청난 차이가 있지"

내가 고개를 갸웃하자 그는 이렇게 덧붙였다.

"25센트만 주겠다는 결론을 내리고 정말로 25센트를 내밀면 어딘가 찜찜한 기분이 들 수 있고, '이렇게 구두를 잘 닦아주었는데 겨우 25센트만 주다니!'라는 후회를 할 수도 있겠지. 반면 50센트를 주면 하루 종일 부자가 된 듯한 기분과 자신감이 넘치게 되네. 그 50센트 정신이 만들어내는 차이가 자네의 삶 전체를 풍요롭고 너그러운 삶으로 변화시키는 놀라울 힘을 가져다줄 수 있지."

그로부터 몇 년 후 디트로이트에서 세미나를 열었는데, 세미나가 끝난 뒤에 한 남자가 나를 찾아왔다.

"론 강사님, 오늘 강사님의 50센트 정신에 관한 얘기를 듣고 감명을 받았습니다. 그래서 제 인생을 완전히 바꾸기로 결심했습니다. 언젠가 제 소식을 들으실 날이 올 겁니다."

아니나 다를까 몇 달 후 또다시 디트로이트에 강연을 하러 갔는데, 바로 그 남자가 만면에 웃음을 띠고 연단으로 걸어왔다.

"저를 기억하십니까?"

"당연하지요. 인생을 바꾸겠다고 말씀하셨던 그 분이 아닙니까."

그는 고개를 끄덕이며 말했다.

"저는 인생을 바꿀 방법을 고민하다가 먼저 가족부터 시작하기로 결정했습니다. 제게는 10대가 된 사랑스러운 두 딸이 있지요. 세상에서 가장 사랑스러운 아이들입니다. 그 아이들은 말도 잘 듣고 말썽을 피우는 일도 거의 없습니다. 하지만 저는 아이들을 혼낼 때가 많았습니다. 아이들이 가장 하고 싶어 하는 것이 좋아하는 가수의 콘서트를 보러 가는 것이었는데, 저는 그것을 꾸짖었습니다. 아이들이 콘서트에 가게 해달라고 부탁하면 저는 '안 돼. 음악 소리가 너무 시끄러워서 가면 귀만 망가질 게다. 그

리고 거기에 오는 사람들은 죄다 문제가 있어.'라고 말했지요. 그러면 늘 똑같은 일이 벌어지곤 했습니다. 딸들은 사정했지요. '아빠, 정말로 가고 싶어요. 저희는 말썽도 안 피우잖아요. 저희는 착한 애들이에요. 그러니 제발 가게 해주세요.' 한참을 아이들에게 시달리고 나면 마지못해 돈을 꺼내며 '알았다. 정 가고 싶다면 할 수 없지'라고 말했습니다."

그는 잠시 숨을 고른 뒤에 말을 이어갔다.

"저는 제 자세에 문제가 있다고 생각했습니다. 그래서 인생을 좀 바꿔야겠다고 결심했죠. 저는 아이들이 좋아하는 가수가 공연을 한다는 광고를 보고 직접 공연장 매표소에 가서 티켓을 구입했습니다. 집으로 돌아가 아이들에게 표를 건네며 '자, 콘서트 티켓이다. 너희들이 이 가수를 좋아한다는 거 알고 사왔다.'라고 말했지요. 그때 아이들의 표정이 어땠는지 아십니까? 제가 아이들에게 더 이상 사정하지 않아도 된다고 말하자 아이들이 저를 얼마나 꼭 끌어안았는지 모릅니다. 놀라운 일은 아이들이 신나게 공연을 즐길 생각을 하니 저녁 내내 제 기분이 하늘을 날아갈 듯했다는 겁니다. 진정한 보상은 공연을 즐기고 돌아온 아이들이 집에 돌아왔을 때 찾아왔습니다. 한 아이는 제 무릎에 앉고 다른 한 아이는 제 목에 팔을 두르고는 한목소리로 말했지요. '아빠가 최고예요!'"

정신적으로 관대해 진 것만으로 받을 수 있는 최상의 선물을 받은 셈이었습니다.

정신적으로 관대해져라. 25센트 사고 중심의 세상에서 50센트 정신을 계발하는 법을 배워야 한다.

50센트 교훈 외에도 쇼어프는 팁을 주는 것에 대해 또 다른 교훈을 가르쳐주었다. 그는 '팁'(Tip)은 '신속함을 보장함'(To insure promptness)이라는 말에서 나온 것이라고 설명했다.

"팁이 신속함을 보장한다는 뜻이라면 팁은 언제 주어야 할까?"

그가 무엇을 의도하는지 알고 있었지만 나는 여전히 '일반적인' 사고방식에 빠져 있었다.

"식사를 할 때 서비스가 좋으면 팁을 주고 서비스가 엉망이면 팁을 주지 않는 것이죠."

이게 내 대답이었다.

"아닐세, 짐. 자네는 잘못 이해하고 있어. 안목과 식견이 높은 사람들은 좋은 서비스를 운에 맡기지 않네. 그들은 처음부터 돈을 줌으로써 좋은 서비스를 '확실히' 보장받지. 한번 해보게. 다음에 식당에 가서 특별한 식사를 하게 되면 종업원을 불러 그의 어깨에 팔을 두르고 이렇게 말하는 거네. '5달러를 드릴 테니 저와 제 친구를 잘 대접해주기 바랍니다.' 그러면 어떤 일이 일어나는지 아는가? 종업원은 아마 자네 테이블 주위를 떠나지 않을 걸세. 그럼 물 한 잔이 더 필요할 때도 종업원이 어디에 있는지 찾을 필요가 없을 것이네."

이 말의 요점을 이해하겠는가? 똑같은 돈이라도 어떻게 쓰느냐에 따라 스타일이 달라진다.

02.
똑같은 돈, 서로 다른 스타일

다음의 사고방식은 매우 중요하다.

"원하는 것을 추구하는 동안 자신이 갖고 있는 것에 대해 행복을 느껴라."

사실 삶의 기술을 배우는 것은 어렵지 않다. 자산이 많지 않은 사람도 품위 있는 라이프스타일을 누릴 수 있다. 그저 소다수를 사먹을 돈을 절약해서 좋은 와인 한 병을 사먹으면 된다. 비디오테이프나 DVD를 빌려보는 돈을 절약해서 영화관에 가면 된다. 또한 1년 내내 돈을 모아 유럽으로 여행을 가거나 멋진 예술 작품을 구매할 수도 있다.

적은 돈도 한꺼번에 몽땅 써버리지 마라. 그것을 모아 특별한 것, 즉 질이 좋거나 가치가 오래가거나 평생 기억에 남을 만한 것을 사는 데 써라. 어떠한 푼돈도 모이면 상당한 금액이 될 수 있음을 기억하라. 삶의 품격을 아는 사람들에게 질은 양보다 훨씬 더 중요하다. 폐물이 가득한 집보다 보물 몇 개가 더 낫다.

여기서 내가 정의하는 라이프스타일은 인식과 가치, 교육 그리고 잘 가꾼 취향의 문제다. 안목과 식견을 쌓을수록 라이프스타일의 기쁨을 누릴 수 있다. 인생의 모든 경험과 가능성을 음미하고 즐기겠다는 결심을 하라. 또한 라이프스타일은 책과 사람, 영화 그리고 새로운 모험의 영향을 받아 지식과 경험을 넓히는 것을 뜻한다. 접하는 모든 사물과 사람으로부터 즐기고 배우는 데 주의를 기울여라.

오늘 당신 자신과 삶에서 좀 더 풍요로운 기쁨을 느끼기 위해 무엇을 할 수 있을지 생각해보라. 공연 티켓을 예매하거나 멋진 음악 CD를 구입하라. 꽃이나 감사편지를 보내라. 여행을 계획하고 고전을 읽으며 기쁨을 느껴보라.

여전히 무엇을 하면 좋을지 생각나지 않는가? 장담하건대 지금 당신이 있는 곳에서 100킬로미터 이내에 당신이 그동안 한 번도 가보지 못한 장소와 한 번도 맛보지 못한 음식, 한 번도 경험해보지 못한 무언가가 있을 것이다.

내가 그랬다. 나는 그 유명한 옐로스톤 국립공원 근처의 아이다호 인근에서 자랐다. 하지만 나는 옐로스톤 국립공원을 단 한 번도 가보지 않았다. 생각해보라. 전 세계의 수많은 사람들이 회색곰과 올드 페이스풀(미국 옐로스톤 국립공원에 있는 간헐천)을 찾아오는데 나는 아이다호 토박이이면서 한 번도 가보지 않은 것이다. 나는 아프리카는 가봤어도 옐로스톤 국립공원은 아직 못 가봤다.

당신에게도 나처럼 '옐로스톤 공원' 같은 곳이 있는가? 뉴요커이면서도 자유의 여신상을 구경해본 적이 없는가? 텍사스 주 출신이면서도 알라모(텍사스 주 샌안토니오에 있던 프란시스코 수도회 전도소. 1836년 미국인 결사대가 멕시코로부터 텍사스를 독립시키기 위해 싸운 역사적인 저항 요새)에 한 번도 가보지 못한 사람이 있는가? 오타와(캐나다의 수도)를 한 번도 방문하지 않은 캐나다인이 있는가? 만약 이런 사람이 있다면 그들도 나처럼 라이프스타일을 업그레

이드할 멋진 기회를 놓치고 있는 셈이다.

아무것도 놓치지 않겠다는, 특히 당신의 주변에 있는 것은 더욱더 놓치지 않겠다는 새로운 목표를 설정하라. 그러려면 좀 더 진취적인 자세가 필요하지만 그에 따른 보상을 생각해보라! 우리는 그저 생각을 바꿔 행동하겠다는 의욕이 솟아나도록 하면 된다. 그 행동은 분명 우리의 꿈과 새로운 경험이라는 현실을 이어줄 것이다.

지금쯤 당신은 내가 물질적 부의 가치를 존중한다는 사실을 알았을 것이다. 사실 물질 그 자체는 아무런 문제가 없다. 단지 그것을 올바르게 벌어 올바르게 쓰지 못하는 사람이 있을 뿐이다. 돈은 종종 과대평가되고 심지어 숭배의 대상이 되기도 한다. 돈 그 자체에 있지도 않은 권력이 주어지는 경우도 있다.

나는 쇼어프에게 "돈이 좀 더 있으면 더욱 행복할 텐데요."라고 말했다. 그의 생각은 나와 달랐다.

"행복의 열쇠는 '더 많이'에 있지 않네. 행복은 연구하고 연습해야 하는 기술일세. '더 많은' 돈은 이미 형성된 '자네'라는 존재의 덩치만 키워줄 뿐이네. '더 많이'는 그저 자네를 좀 더 빨리 최종 도착지에 데려다주기만 하지. 만약 자네가 불행해한다면 자네는 더 많은 돈을 갖고 풍요 속에서 불행을 느낄 걸세. 자네가 폭력적이라면 자네의 부는 자네를 공포의 대상으로 만들 걸세. 자네가 술을 지나치게 마시는 편이라면 더 많은 돈은 자네를 술에 파묻혀 황폐해진 사람으로 만들 걸세. 반면 자네가 라이프스타일과 행복의 기술을 터득한다면 더 많은 돈은 자네의 행복과 내면의 부가 확대되도록 해줄 걸세."

라이프스타일은 가치에 스타일을 더한 것이다. 스타일은 삶의 기술로 이것은 돈으로 살 수 없다. 좋은 취향 역시 돈으로 살 수 없다. 돈으로는 그저 '더 많이' 살 수 있을 뿐이다.

라이프스타일은 문화다. 좋은 음악, 춤, 미술, 조각, 문학, 연극 등을 감상하는 것이다. 그것은 양질과 독특함 그리고 아름다움에 대한 감각을 갖추는 것이다.

철학자 모티머 아들러(Mortimer Adler)는 이렇게 말했다.

"보다 고상한 심미안을 추구하지 않으면 더 낮은 것에 안주하게 된다."

보다 고상한 심미안을 추구하라. 가급적 최고를 가져라. 중요한 것은 금액이 아니라 가치다.

라이프스타일은 인생의 사소한 것도 당연하게 여기지 않음으로써 그것을 어디에서 찾든 가치 있게 만드는 탁월함을 뜻한다. 그 예로 내 개인적 일화를 들어보고자 한다.

한번은 친한 여자친구와 함께 캘리포니아 주의 카멜로 관광과 더불어 쇼핑을 즐기러 갔다. 가는 길에 주유소에 들렀는데 주차를 하자마자 열여덟이나 열아홉 살쯤 되어 보이는 청년이 뛰어오더니 환하게 웃으며 물었다.

"무엇을 도와드릴까요?"

"기름을 가득 넣어주세요."

그 대답 이후에 일어난 일은 사뭇 뜻밖이었다. 셀프서비스가 보편화되고 고객 대우의 질이 갈수록 떨어지는 요즘 같은 시대에 그 청년은 타이어를 모두 점검해주고 창문이라는 창문(심지어 선루프까지)은 모두 닦아주는 것이 아닌가. 더구나 그는 일하는 내내 휘파람을 불고 있었다. 우리는 서비스의 질과 그의 쾌활한 근무 태도에 놀라 입을 다물지 못했다. 그 청년이 계산서를 가져오자 나는 이렇게 말했다.

"서비스가 정말 좋네요. 감사합니다."

그는 밝은 표정으로 말했다.

"저는 이 일을 정말 좋아합니다. 일도 재미있고 당신 같이 멋진 분들도 만날 수 있으니까요."

그날 우리는 그야말로 제대로 된 인물을 만난 셈이었다. 내친김에 그에게 물었다.

"우리는 지금 카멜에 가는 중인데요. 가는 길에 밀크셰이크를 좀 사려고 합니다. 혹시 가장 가까운 배스킨라빈스가 어디에 있는지 아십니까?"

청년은 "배스킨라빈스는 몇 블록만 더 가시면 있습니다."라고 말하며 정확한 방향을 알려주었다. 그런 다음 이렇게 덧붙였다.

"차를 입구 쪽에 세우지 마십시오. 안쪽에 세우셔야 다른 차에 긁힐 염려가 없습니다."

정말 대단한 청년이 아닌가!

우리는 아이스크림 가게에 가서 밀크셰이크 세 개를 주문했다. 그리고 차를 몰고 주유소로 돌아왔다. 우리의 젊은 친구는 이번에도 우리를 맞으러 뛰어나왔다. 우리는 청년에게 밀크셰이크 한 개를 내밀었다

"이건 당신 겁니다!"

깜짝 놀란 그의 입이 크게 벌어졌다.

"제 거라고요?"

"그래요. 그렇게 환상적인 서비스를 받고 나니 밀크셰이크를 한 잔 선물하고 싶더군요."

"와!"

떠나면서 나는 백미러로 그가 입이 귀에 걸린 채 서 있는 모습을 볼 수 있었다.

약간의 관대한 보답에 얼마가 들었는지 아는가? 겨우 2달러다. 중요한 것은 돈이 아니라 스타일이다.

그날 나는 다른 어느 때보다 기분이 좋았고 더욱더 관대해졌다. 카멜에 도착하자마자 나는 꽃가게로 들어갔다.

"카멜에서 쇼핑하는 동안 제 친구가 들고 다닐 줄기가 긴 장미 한 송이가 필요한데요."

로맨틱하고는 거리가 멀게 생긴 점원이 딱딱하게 말했다.

"우리 가게는 열두 송이로 묶음 판매만 합니다."

"열두 송이까지는 필요 없어요. 딱 한 송이만 있으면 됩니다."

점원은 잠시 망설이더니 거만하게 대답했다.

"그렇다면 2달러를 주셔야 합니다."

"잘 됐네요! 나도 싸구려 장미를 사고 싶은 생각은 없으니까요."

세심하게 주의를 기울여 장미를 고른 뒤 나는 그 꽃을 친구에게 건네주었다. 그녀는 감동한 표정이었다! 그런데 거기에 들어간 돈이 얼마였는가? 겨우 2달러였다(잠시 후에 내 친구는 나를 바라보며 말했다. "짐, 아마 나는 오늘 카멜에서 장미를 들고 다니는 유일한 여자일 거야.")

03.
삶에 가치를 더하는 사랑과 우정

인생을 스타일 있게 산다는 것은 균형 잡힌 삶을 산다는 것을 의미한다. 균형 잡힌 삶에서 가장 중요한 존재는 당신이 사랑하는 사람과 당신을 사랑하는 사람이다. 당신에게 사랑하는 사람이 있다면 그보다 더 값진 것은 아무것도 없다. 누군가를 사랑하는 사람은 인생을 가장 풍부하게 표현한다.

사랑을 단단히 보호하라. 그 무엇도 사랑을 방해하지 못하게 하라. 만약 의자가 방해가 된다면 그 의자를 부숴버릴 것을 권한다. 그 어느 것도 사랑을 막지 못하게 하라.

오래 전에 다음과 같은 지혜로운 말이 있었다.

"세상에는 많은 보물이 있지만 그중에 제일은 사랑이다."

호화주택에서 홀로 사는 것보다 해변에서 천막을 치고 살아도 사랑을 아는 것이 더 낫다. 가족과 사랑은 정원처럼 잘 가꿔야 한다. 사랑이 계속 깊어지고 풍성해지려면 끊임없이 시간과 노력을 투자하고 상상력을 발휘해야 한다.

사랑 다음으로 중요한 것은 우정이다. 우정은 그 값을 헤아릴 수 없다.

친구란 당신에 대해 모든 것을 알면서도 여전히 당신을 좋아하는 멋진 사람이다.

친구란 다른 모든 사람이 떠나갈 때 당신에게 오는 사람이다.

살다보면 어떤 일이 생길지 모르므로 올라가는 동안 반드시 내려갈 때 당신을 받아줄 수 있는

친구를 사귀도록 하라.

진정한 친구는 올라갈 때는 더욱 기운을 북돋워주고 내려갈 때는 덜 힘들게 해준다.

내게도 그런 친구가 하나 있다. 내가 외국의 어느 나라에서 부당하게 감옥에 갇힌다면 나는 곧바로 그에게 전화를 할 것이다. 왜 그런지 아는가? 그가 즉시 내게로 와줄 것임을 알기 때문이다. 그것이 바로 친구다. 어느 외국의 감옥에 갇히더라도 꺼내줄 수 있는 사람이 친구다. 나는 나를 감옥에서 꺼내는 데 많은 돈이 들어갈지라도 내 친구가 그렇게 하리라는 것을 안다. 그렇게 하는 데 아무리 오랜 시간이 걸려도 그는 그 시간을 낼 것이다. 그것이 진정한 친구다. 당신에게도 이러한 친구가 있길 바란다.

내게는 가벼운 친구와 지인도 있는데 그들은 이렇게 말할 것이다.

"집으로 돌아오면 전화해."

누구에게나 그런 친구들이 있다. 문제는 우리가 삶 속에서 진정한 우정과 겉모습만 번지르르한 우정을 혼동할 때 생긴다.

마지막으로 다음을 기억하라. 좋은 삶은 돈으로 그 가치를 매길 수 없다. 좋은 삶은 태도, 행위, 사고, 발견, 탐색과 관련되어 있다. 좋은 삶은 계좌의 잔고와 상관없이 충분히 성숙한 라이프스타일에서 온다. 삶 속에서 끊임없는 기쁨을 제공하는 라이프 스타일, 깊은 가치와 성취를 이룬 사람이 되고자 하는 열망을 자극하는 라이프스타일 말이다. 인품 없는 부, 예술 없는 산업, 질 없는 양, 만족감 없는 진취성, 기쁨 없는 소유가 결국 무슨 소용이 있단 말인가!

당신은 우리의 문화에 기여하는 문화인이 될 수 있다. 당신은 우리의 자녀와 자녀의 자녀가 혜택을 받을 수 있는 스타일 혹은 개성을 지닌 보기 드문 자산가가 될 수 있다.

04.
당신의 삶이 뒤바뀌는 날

 우리는 지금까지 먼 길을 함께 걸어왔다. 이 책에서 나는 사고의 향연, 즉 부와 행복에 대한 당신의 식욕을 채워줄 전략을 당신에게 나눠주었다. 이제 한 가지 염려도 당신과 나눠야 할 것 같다.

 이 책에 든 정보를 모두 소화했다면 당신은 스스로를 부와 행복을 얻는 원칙의 전문가라 불러도 좋다. 성공의 철학적 측면과 관련해 강의를 할 수도 있을 것이다. 그것도 상당히 감명 깊게 말이다.

 하지만 이론적으로 일이 어떻게 진행될지 아는 것만으로는 충분치 않다. 자유기업 체제에서 목표를 이루려면 '행동'해야 한다. 지식은 적용될 때만 의미가 있다. 지식과 행동의 간극을 메우려면 어떻게 해야 할까? 그것을 촉진하는 세 번째 요소가 있을까? 다행스럽게도 있다. 그것은 바로 우리의 감정이다.

감정

감정은 우리 안에 있는 가장 강력한 힘이다. 사람은 감정의 힘으로 가장 영웅적인 행동(더불어 가장 야만적인 것도)을 할 수 있다. 어떤 면에서 문명 그 자체는 감정의 지적 전달이라고 정의할 수 있다. 감정은 연료, 정신은 조종사가 되어 함께 문명 진보의 배를 나아가게 한다.

사람이 행동하도록 만드는 감정은 무엇일까? 여기에는 네 가지 기본적인 감정이 있다. 이러한 감정이 각각 혹은 두세 개씩 결합하면 놀라운 행동을 유발할 수 있다. 이들 감정이 당신의 열망을 자극하는 날이 바로 당신의 삶이 완전히 뒤바뀌는 날이다.

혐오감

'혐오감'이라는 말은 보통 긍정적인 행동과 함께 쓰이지 않는다. 하지만 적절히 전달하면 혐오감이 인생을 바꿀 수도 있다. 혐오감을 느끼는 사람은 더 이상 밀릴 수 없는 지경에 도달한 사람이다. 그는 "더 이상은 못 참아!"라고 말하며 인생 그 자체에 도전할 준비를 한다.

내가 걸스카우트 소녀로부터 2달러짜리 쿠키에 관한 치욕적인 경험을 한 이후에 내뱉은 말도 "더 이상 못 참아!"였다. 나는 "더 이상 이렇게 살고 싶지 않아. 돈이 없는 것도 지겹고, 거짓말을 하는 것에도 넌더리가 난다고! 다시는 주머니에 돈이 한 푼도 없는 것 때문에 창피를 당하지 않을 테다!"라고 말했다.

그렇다. 혐오감의 생산적인 감정은 "이런 삶은 이제 그만두자!"라고 마침표를 찍을 때 온다.

마침내 패배자로 사는 것이 지긋지긋해졌다. 평범함에 신물이 났다. 두려움, 고통, 치욕이라는 끔찍스럽고 메스꺼운 감정에 짜증이 났다. 누군가는 아내가 완두콩 통조림을 사기 위해 슈퍼마켓에서 통조림 제품이 진열된 통로를 한 번 더 걸어가는 모습을

본다. 그는 무슨 일이 일어날지 알고 있다. 아내는 69센트짜리 브랜드와 67센트짜리 브랜드를 볼 테고, 69센트짜리 브랜드를 더 좋아하지만 67센트짜리 통조림을 살 것이다. 그는 아내가 '왜' 더 싼 통조림을 사는지 알고 있다. 2센트를 아끼기 위해서다. 단지 2센트를 위해서 말이다! 그는 이제 이렇게 외친다.

"먼지투성이 바닥에 무릎을 꿇고 동전을 찾는 건 이제 지긋지긋해. 우리는 더 이상 이렇게 살지 않을 거야!"

이 날이 인생을 뒤바꾸는 날이 될 수 있다. 뭐라고 불러도 좋다. '지긋지긋해진 날'이라고 불러도 좋고, '신물 나는 날' 혹은 '몽땅 그만두는 날'이라고 불러도 좋다. 뭐라고 부르든 그것은 강력한 영향을 미친다. 장이 뒤틀릴 정도의 혐오감만큼 강력하게 인생을 뒤바꿔놓는 것도 없다.

반대로 가벼운 혐오감만큼 불쌍한 것도 없다. "약간 지겨운 것 같기도 해."라고 말하는 사람은 정말 측은하고 배짱이 없는 사람이다. 그런 감정으로는 욕조 안의 장난감 보트도 나아가게 할 수 없다!

결정

　사람들은 대개 궁지에 몰려야 결정을 내린다. 일단 그런 상황에 놓이면 어느 쪽을 선택해야 할지 갈등을 겪게 된다. 갈림길에 놓인 것이다. 이러한 갈림길은 두 갈래, 세 갈래, 심지어 네 갈래일 수도 있다. 결정을 내리는 과정에서 위가 쓰리거나 한밤중에 잠이 깨고 식은땀이 나는 것도 무리는 아니다.

　특히 인생을 바꾸는 결정은 내면의 전쟁에 비유할 수 있다. 충돌하는 감정의 군대가 각각 나름대로 이유 있는 무기를 들고 마음의 주도권을 차지하기 위해 싸우기 때문이다. 그리고 용감하든 소심하든, 심사숙고했든 충동적이었든 우리는 그 결정에 따라 행동 방침을 정할 수도 있고 맹목적이 될 수도 있다.

　의사결정에 대해 내가 해줄 수 있는 조언은 딱 한 가지다. 무엇을 하든 갈림길에서 야영하지는 마라. 결정을 내려라. 잘못된 결정을 내리더라도 전혀 결정을 내리지 않는 것보다 훨씬 낫다. 우리는 감정의 동요를 대면하고 그것을 정리해야 한다.

　한 젊은 사업가가 모든 위험을 무릅쓰고 새로운 사업을 시작하기로 결심한 뒤 내게 말했다.

"제 마음속 불안감을 완전히 없애겠다는 생각은 포기했습니다. 대부분의 시간 동안 어느 정도는 불안감이 남아 있겠지요."

물론 당신에게는 의사결정에 필요한 훌륭한 도구가 있다. 목표(혹시 아직도 목표를 설정하지 않았다면 아직 늦지 않았으니 시작하라)와 인생의 장기 계획 및 단기 계획 말이다. 이제 당신이 할 일은 적절한 '열망'에 따라 행동하겠다고 결심하는 것이다.

열망

열망은 어떻게 얻는가? 그 방법이 여러 가지이기 때문에 직접적으로 답히기는 어렵지만, 두 가지만큼은 확실히 알고 있다.

1. 열망은 외부가 아니라 내면에서 나온다.
2. 열망은 외부의 힘에 의해 촉발될 수도 있다.

거의 모든 것이 열망을 유발할 수 있다. 중요한 것은 준비된 자세와 타이밍이다. 열망을 불러일으키는 것은 마음을 끌어당기는 노래가 될 수도 있고 잊히지 않는 설교가 될 수도 있다. 혹은 영화, 친구와의 대화, 적과의 대면, 비통한 경험이 열망을 불러일으키기도 한다. 그리고 책 한 권이 내면의 장치를 작동시켜 이렇게 외치도록 할 수도 있다.

"난 지금 그것을 원해!"

자신의 순수한 열망을 불러일으키는 '결정적인 요인'을 찾는 동안 삶 속에서 긍정적인 경험을 하라. 자신을 보호하기 위해 경험과 담을 쌓지 마라. 그것은 실망의 바람이 들어오는 것을 막고 풍부한 경험의 햇빛이 들어오는 것도 막는다. 인생의 손길을 느껴라. 다음번 손길이 당신의 인생을 뒤바꿀 수도 있다.

결심은 '나는 ~을 하겠다'고 말하는 것이다. 이 말은 가장 강력한 언어다.

"나는 ~을 하겠다."

영국의 위대한 정치가였던 벤저민 디즈레일리(Benjamin Disraeli)는 이렇게 말했다.

"목적을 위해 생명까지 거는 인간의 의지를 당해낼 수 있는 것은 아무것도 없다."

다시 말해 '~을 하지 않으면 죽겠다'고 결심한 사람을 막을 수 있는 것은 아무것도 없다. 어느 산악인의 의지는 그것을 잘 보여준다.

"나는 저 산을 오를 것이다. 사람들은 산이 너무 높고 멀고 가파르고 바위가 많아 오르기 어렵다고 말하지만 저것은 '내' 산이다. 나는 저 산의 정상에 오르겠다! 사람들은 내가 정상에서 손을 흔드는 것을 보거나 아니면 영영 나를 못 볼 것이다. 정상에 도달하지 못하면 나는 돌아오지 않을 것이기 때문이다."

이러한 결심 앞에서 누가 왈가왈부를 하겠는가! 강철 같이 굳은 결심을 만나면 시간도 운명도 환경도 황급히 회의를 소집해 특별한 결정을 내린다.

"저 친구는 꿈을 이루도록 놔두는 게 좋겠어. 그가 자기는 그곳에 가든지 아니면 시도하다 죽겠다잖아."

결심과 관련해 내가 들은 최고의 정의는 캘리포니아 주 포스터 시티에 사는 한 여학생이 내린 것이다. 나는 여느 때처럼 중학교에서 총명한 아이들을 상대로 성공에 관해 강의를 하고 있었다. 내가 "결심의 정의를 말해줄 사람?" 하고 묻자 여기저기서 손을 들었다. 그중에는 꽤 괜찮은 정의도 있었는데 특히 마지막 대답이 압권이었다. 교실 뒤쪽에 앉아 있던 소녀가 수줍어하며 일어나더니 조용하지만 힘 있게 말했다.

"결심이란 결코 포기하지 않겠다고 스스로에게 약속하는 것이라고 생각해요."

바로 이것이다! 이것이 내가 들은 최고의 정의였다.

"결코 포기하지 않겠다고 스스로에게 약속하는 것."

생각해보라. 아기가 걷는 법을 배우려면 얼마나 오랫동안 노력해야 할까? 아기에게 '됐어. 넌 가망이 없어.'라는 말을 하려면 시간을 얼마나 줘야 할까? 말도 안 되는 얘기라고? 당연히 그렇다. 세상의 모든 엄마가 "우리 아이는 걷는 법을 배울 '때까지' 계속 시도할 거예요!"라고 말할 것이다. 당연히 아기는 수많은 시행착오에도 굴하지 않고 결국 걷는다. 여기에는 중대한 교훈이 하나 있다. 스스로에게 물어보라.

"꿈을 이루기 위해 얼마나 오랫동안 노력하겠는가?"

나는 당신이 "꿈이 이뤄질 때까지"라고 대답하길 바란다. 그것이 바로 결심의 전부다.

행동

지식이 감동의 자극을 받으면 행동이 된다. 행동은 공식의 마지막 부분으로 결과를 보증하는 요소다. 오로지 행동만이 반응을 일으킬 수 있으며, 나아가 긍정적인 행동만이 긍정적인 반응을 일으킬 수 있다.

세상은 사람들이 꿈을 이루는 것을 지켜보길 좋아하며 생산적이고 진취적인 성취를 이룬 사람에게 보상을 해준다. 내가 이것을 강조하는 이유는 확신에만 정신이 팔린 사람들이 꽤 많기 때문이다. 하지만 다음과 같은 명언을 꼭 기억해야 한다.

"행동이 없는 믿음은 아무런 소용이 없다."

참으로 지당한 말이다!

나는 행동을 이끌어내는 도구로서의 확신에 대해 아무런 이의가 없다. 훈련 계획을 강화하기 위해 확신을 반복하면 경이로운 결과를 이끌어낼 수 있다.

그러나 믿음과 우매함은 종이 한 장 차이다. 행동 없는 확신은 자기기만의 시작이다. 그리고 행복을 추구할 때 자기기만보다 더 나쁜 것은 없다. 이는 마치 세일즈 미팅을 마치고 사기가 올라간 세일즈 중역이 "나는 이 비즈니스에서 최고가 될 거야."라고 해놓고는 그 말에 따른 생각과 행동의 훈련은 전혀 하지 않는 것과 마찬가지다. 그럴 바엔 차라리 서쪽으로 가서 해가 뜨기를 바라는 게 낫다.

05.
변화를 위한 네 가지 질문

이제 이 여정의 끝이 점점 다가오고 있다. 이쯤에서 당신에게 곰곰이 생각해봄 직한 질문을 몇 가지 던지고자 한다.

첫째, 당신은 왜 노력해야 하는가?
아이들은 종종 '왜'라는 질문을 한다. '왜'라는 질문은 상당히 중요하다.
왜 아침에 일찍 일어나야 하는가?
왜 그렇게 열심히 일해야 하는가?
왜 많은 책을 읽어야 하는가?

왜 좋은 친구를 사귀어야 하는가?

왜 그렇게 멀리 가야 하는가?

왜 많이 벌어야 하는가?

왜 많은 돈을 나눠줘야 하는가?

둘째, 당신은 왜 그러면 안 되는가?

이것은 '왜 노력해야 하는가?'라는 질문에 대한 최고의 대답이다.

인생에서 또 무얼 하겠는가?

왜 당신이 얼마나 멀리 갈 수 있는지 보면 안 되는가?

왜, 당신이 얼마나 많이 벌고 읽고 나눌 수 있는지 보면 안 되는가? 왜 당신이 어떤 사람이 될 수 있는지, 얼마나 성장할 수 있는지 보면 안 되는가? 왜 안 되는가? 결국 세상을 뜨기 전까지는 이 세상에 있을 텐데 말이다.

세상에 있는 동안 왜 스타일 있게 살면 안 되는가?

셋째, 당신이라고 왜 안 되겠는가?

안 될 것 없다.

어떤 사람은 열악한 환경의 제약 속에서도 경이로운 일을 해낸다.

어떤 사람은 자신이 성취한 모든 것을 만족스럽게 바라본다.

당신이라고 왜 안 되겠는가?

당신이라고 왜 스코틀랜드 근처의 헤브리지스 섬 위에 떠다니는 아침 안개를 볼 수 없겠는가?

당신이라고 왜 런던탑에서 역사를 온몸으로 배우고 스페인의 숨겨진 미스터리를 탐험하지 못하겠는가?

당신이라고 왜 파리의 유명한 샹젤리제를 내려다보며 환상적인 카페에서 점심을 먹으면 안 되겠는가?

당신도 베르사유 궁전에서 '거울의 방'을 거닐거나 루브르 박물관에서 〈모나리자〉를 감상할 수 있다.

당신이라고 왜 캐리비안에서 스쿠너(돛대가 2~4개 있는 세로돛식의 경쾌한 범선)를 탈 수 없겠는가?

당신은 마이애미에서 가장 아름다운 조가비가 무엇인지 아는가?

당신이라고 왜 뉴욕 5번가에서 쇼핑을 하고 월도프나 플라자, 칼라일 같은 호텔에 머물며 뤼코프에서 사과 케이크 위에 올린

얇게 썬 구운 거위 고기를 먹으면 안 되겠는가?

당신이라고 왜 애리조나의 일몰을 감상하면서 술을 마시면 안 되겠는가?

당신이라고 왜 인생이 제공하는 모든 것이 훈련과 일관된 노력의 보상임을 알고 즐기면 안 되겠는가?

당신이라고 왜 안 되겠는가?

이제 당신에게 던지는 마지막 질문이다.

"왜 지금 하면 안 되는가?"

놀랄 만한 많은 것이 당신의 명령만 기다리고 있는데 왜 보다 나은 미래를 연기하는가?

오늘 당장 시작하라.

새 책을 구하고 목표를 설정해 상세한 계획을 짜고 부자에게 점심을 대접하라.

생산성을 높일 새로운 방법을 찾고 관대함과 사랑의 라이프스타일을 만들어나가라.

그리고 새롭게 거듭나는 자기 자신을 믿어라.

전진하라.

나는 미래의 성공이 우리에게 달려 있다고 믿는다. 그러나 나는 우리 모두에게, 특히 역경이 닥쳐 결심이 약해질 때 영적 지지대가 필요하다는 것도 안다. 그럴 땐 기도하라.

한 남자가 바위투성이의 땅을 2년에 걸쳐 가꾼 끝에 아름다운 꽃으로 가득한 어여쁜 정원으로 탈바꿈시켰다. 어느 날 한 성자가 그 정원에 대한 소식을 듣고 찾아왔다. 그 명성이 수마일 너머까지 전해진 것이다. 그는 정원사가 궁극적인 창조주에 대해 잊지 않았는지 확인하고 싶었다. 성자가 말했다.
"정원사님, 신이 이 아름다운 정원으로 당신에게 축복을 내리셨군요."
정원사는 그 말뜻을 이해했다.
"맞습니다, 성자여. 햇빛과 비, 토양, 씨앗, 계절의 기적이 없었다면 이런 정원은 존재하지 못했을 겁니다. 하지만 당신은 몇 년 전 신이 이 땅을 갖고 계셨을 때 이 땅이 어땠는지 보셨어야 합니다."

당신과 내게는 인생의 선물이 주어졌다. 그러나 자연의 법칙을 이용해 창조하고 번영하기로 결심하는 것은 우리의 몫이다. 지금 당장 당신의 드림리스트를 작성하고 그것을 당신의 모든 곳 붙여 놓기를 바란다.

작성 시 주의 사항 : 12~15분 동안 자신이 원하는 모든 것을 적어 보시기 바랍니다.

당신은 무엇을 하고 싶습니까?
당신은 어떤 사람이 되고 싶습니까?
당신은 무엇이 보고 싶습니까?
당신은 무엇을 갖고 싶습니까?
당신은 어디에 가고 싶습니까?
당신은 무엇을 나누고 싶습니까?

현재 자신의 상황과 타협된 생각을 적지 마십시오!
이것은 당신 자신의 삶입니다. 과감하게 원하십시오!

start

001. _____	년 이내
002. _____	년 이내
003. _____	년 이내
004. _____	년 이내

005.	년 이내
006.	년 이내
007.	년 이내
008.	년 이내
009.	년 이내
010.	년 이내
011.	년 이내
012.	년 이내
013.	년 이내
014.	년 이내
015.	년 이내
016.	년 이내
017.	년 이내
018.	년 이내
019.	년 이내
020.	년 이내
021.	년 이내
022.	년 이내
023.	년 이내
024.	년 이내
025.	년 이내
026.	년 이내
027.	년 이내
028.	년 이내
029.	년 이내
030.	년 이내
031.	년 이내
032.	년 이내
033.	년 이내
034.	년 이내
035.	년 이내
036.	년 이내

037. _____ 년 이내
038. _____ 년 이내
039. _____ 년 이내
040. _____ 년 이내
041. _____ 년 이내
042. _____ 년 이내
043. _____ 년 이내
044. _____ 년 이내
045. _____ 년 이내
046. _____ 년 이내
047. _____ 년 이내
048. _____ 년 이내
049. _____ 년 이내
050. _____ 년 이내
051. _____ 년 이내
052. _____ 년 이내
053. _____ 년 이내
054. _____ 년 이내
055. _____ 년 이내
056. _____ 년 이내
057. _____ 년 이내
058. _____ 년 이내
059. _____ 년 이내
060. _____ 년 이내
061. _____ 년 이내
062. _____ 년 이내
063. _____ 년 이내
064. _____ 년 이내
065. _____ 년 이내
066. _____ 년 이내
067. _____ 년 이내
068. _____ 년 이내

069. _____ 년 이내
070. _____ 년 이내
071. _____ 년 이내
072. _____ 년 이내
073. _____ 년 이내
074. _____ 년 이내
075. _____ 년 이내
076. _____ 년 이내
077. _____ 년 이내
078. _____ 년 이내
079. _____ 년 이내
080. _____ 년 이내
081. _____ 년 이내
082. _____ 년 이내
083. _____ 년 이내
084. _____ 년 이내
085. _____ 년 이내
086. _____ 년 이내
087. _____ 년 이내
088. _____ 년 이내
089. _____ 년 이내
090. _____ 년 이내
091. _____ 년 이내
092. _____ 년 이내
093. _____ 년 이내
094. _____ 년 이내
095. _____ 년 이내
096. _____ 년 이내
097. _____ 년 이내
098. _____ 년 이내
099. _____ 년 이내
100. _____ 년 이내

드림 리스트

지은이 짐 론
옮긴이 박 옥
펴낸이 김병은
기획/편집 서진
마케팅 이현우
디자인 디자인 모아
펴낸곳 프롬북스

등록 제 313-2007-000021호(2007.2.1)
1판 1쇄 발행 2012년 2월 1일
2판 1쇄 발행 2019년 1월 10일

주소 경기도- 일산 동구 장항동 867번지 웨스턴타워 A동 718호
문의 031-926-3397
팩스 031-926-3398

홈페이지 www.frombooks.co.kr
전자우편 edit@frombooks.co.kr

ISBN 978-89-93734-16-4 13320
정가 1,3000원

한국어판출판권 ⓒ 프롬북스2012
이책은 저작권법에 따라 보호를 받는 저작물이므로 무단전재와 복재를 금지하며,
이 책 내용의 전부 또는 일부를 사용하려면 반드시 저작권자와 프롬북스의 서면 동의를 받아야 합니다.

잘못되거나 파손된 책은 구입하신 서점에서 교환해 드립니다.